JN024942

イラストでわかる

『十八史略』のリーダー哲学

竹内良雄
川﨑　享

東洋経済新報社

『十八史略』とは

竹内 良雄

『十八史略』は中国の南宋の時代までの歴史を簡単にまとめたものである。これで中国の有名な故事などを知った人が多かった。かつての日本人はこの本から、中国というものを想像したり、中国人の考え方を学ぼうとした。

『十八史略』は元の曾先之が編んだ歴史書である。

曾先之は宋末元初の人で、廬陵の出身、南宋の地方官だったが、南宋の滅亡とともに引退したという。著作として知られるのはこの『十八史略』だけである。

元はモンゴル人の帝国で、それまで中国の領土から漢民族の王朝が消えることがなかった。漢民族の知識人として曾先之は、完全に異民族に支配された時代を迎え、民族の滅亡という恐れを抱いたに違いない。

そこで、それまでの歴史を簡単に学べる歴史書を編集し、初学者たちに提供して、漢民族の文化の伝統を伝えておく必要を感じたはずだ。

曾先之は、その点、実に優れた編著者であったと言ってもいい。それまでの正史、歴史書のダイジェスト版を編集し、中国史の大きな流れを読者に伝えるとともに、当時の政治に対して密かに批判をすることも忘れていなかった。

曾先之は神話時代とされる堯帝の話を採用している。『十八史略』の中で、教科書などに一番引用されている「鼓腹撃壌」の一節だ。

堯は天下を治めること50年、自分の政治が良く治まっているのかどうかを知りたく、お忍びで街に出て、様子を探る。そこで、老人が口に食べ物を含みながら、腹鼓を打ち（「鼓腹撃壌」）、歌をうたうのを聞く。
「日出でて作し、日入りて息（いこ）う、井を鑿（うが）ちて飲み、田を畊（たがや）して食らう、帝力何ぞ我に有らんや」

老人は政治の干渉をまったく感じず、自分たちだけで幸せに暮らしている、と歌い、逆に堯の政治を褒め讃えている歌とされている。しかし曾先之の生きた時代を考えると、また別の面も現れるのではないかと思う。

それは､元王朝がかつての南宋の人間（漢人）に対して激しい弾圧、抑圧を加えていたからである。

亡国の民は新しい政権から激しい攻撃を受ける。しかし曾先之にとって理想的な世の中は、「鼓腹撃壌」のような、権力者が民に干渉しない世の中だ。このようなエピソードを読んで、南宋の知識人たちは溜飲を下げたに違いない。たとえ皇帝が異民族であってもだ。

この話は、資料のもとになる『史記』には無い。曾先之はあえてこれを書くことによって当時の政治を暗に批判したのではないかと思う。いわば春秋の筆法である。

『十八史略』は、中国の宋代までの歴史の流れを大きく捉えることができるとともに、中国の舞台で活躍したリーダーたちを知ることができ、人生の機微をうまく捉えた諺なども知ることができる。

また、『十八史略』には、現在のリーダーにも考えさせる事例が数多くある。仕事に行き詰まった時などには、ぜひ紐解かれると、なにがしかのヒントを得ることができるに違いない。

第1章 リーダーとして生きる

第2章 志を高く持て

第3章 ひたすらに王道を歩め

第4章 組織を未来につなげる覚悟

第1章

リーダーとして生きる

歴史上で「名君」と称されるリーダーには、組織を率いる態度に共通点がある。では、中国歴代王朝のトップは、日々どのように考え、行動してきたのか。具体的なエピソードを挙げながら、リーダーとしての理想の生き方を考えていく。

01 無為にして化す。

02 男子多ければ則ち懼れ多し。

03 生は寄なり。死は帰なり。

04 左せんと欲せば左せよ。右せんと欲せば右せよ。
命を用いざる者は、吾が網に入れ。

05 先王、徳を耀かして兵を観さず。

06 民の口を防ぐは、川を防ぐよりも甚だし。

07 久しく尊名を受くるは不祥なり。

08 文事あるは必ず武備あり。

09 天子に戯言なし。

10 人情に非ず。近づく可からず。

11 将軍、死するの心ありて、士卒、生くるの気なし。

12 繭糸を為さんか、以て保障を為さんか。

13 富貴なれば則ち親戚も之を畏懼し、
貧賤なれば則ち之を軽易す。況や衆人をや。

14 両虎共に闘わば、其の勢いは倶には生きず。

リーダーたる者の基本姿勢

無為にして化す。

太古

漢文 無為而化。

トップのとるべきマネジメント

『十八史略』の冒頭にある本項フレーズこそ、中国におけるリーダーたる者のあるべき理想の統治方法、即ちマネジメントの極意です。トップは細かなことにいちいち口を挟まずに泰然自若として、つまり、何もせず組織のメンバーに全て任せることこそが、最も優れた方法であるという訳です。

古代より遥か昔の時代である太古には、後に「三皇五帝」と呼ばれる八人の伝説的な統治者がいたとされています。その八人のメンバーについては、史書によって若干の違いがありますが、三人の賢人と五人の聖人が理想の政治を行っていたと古代中国の人々は信じていました。「三皇」とは、天皇氏、地皇氏、人皇氏（または泰皇氏）のことで、古代中国の神話にある伏羲、女媧、神農を指すとも言われています。

中華文明では国家のリーダー、即ち帝王には「五行」という五種類の徳（木火土金水）の気があり、それぞれの徳に従って特質のある治世を敷くという考え方

何も働きかけないで人々に気付かせる。

英訳 One should trust the course of nature without influence.

がありました。

「木は火を生じ、火は土を生じ、土は金を生じ、金は水を生じ、水は木を生ず」

と五つの元素が互いに影響し合って、天地万物が変化して循環するという思想です。

『老子』に次の言葉があります。

――道常無為、而無不為。侯王若能守之、万物将自化。

（道は常に無為にして、而も為さざるは無し。侯王若し能く之を守らば、万物は将に自ら化せんとす）。

「自然というものは自分から何かをすることは無いが、しかも全てが整然と行われている。リーダーたる者がこのことを心得ていれば、全てのことはうまく行く」

元々、自然というものは、人の手が加わるものでなく、あるがまま、なすがまま、そういった状態であることです。人間はその自然に抗うことなく、状況や状態を受け入れることこそが、最善の生き方、在り方となるという訳です。

人とは無理に外部からの力で変化させたりするのではなく、自らが変わることを待つことが大切で、強制したりすることは全く意味がないというリーダーたる者への教えです。

まとめ

❶トップは組織のメンバーに全て任せることが最善のマネジメント。

❷自然に抗わず常に受け入れる姿勢が重要である。

❸組織のメンバーの考え方を強制的に変えようとしてはいけない。

男子多ければ則ち懼れ多し。（だんしおおければすなわちおそれおおし。）

帝堯陶唐

漢文 多男子則多懼。

堯は仁徳と知徳を兼ね備えて太陽のように暖かく
風采も立派であったとされる
堯
私は政治を正しく行えているのだろうか…
本当に人々は幸せに暮らしているのか
そうだ町人に化けて
町の様子を見に行ってみよう
どうだろうか…
ここは活気に満ちて本当に素晴らしいな
ああ！堯様のおかげだ！
皆は幸せに暮らしているのか
よかった！皆幸せそうだ
お忍びで街中へ出て、子供や老人たちが平和に暮らす様子を
現地・現物で視察して確認したという

男の子が多ければ心配事が多くなる。

英訳 More men there are, more fear there should be.

中国に伝わる黄帝の伝説

天皇氏の治世の後に火の徳を受けた地皇氏は、中国大陸を九つの州（冀、兗、青、徐、揚、荊、予、梁、雍）に分け、4万5600年も続いたとされています。そして有巣氏や燧人氏などの時代を経て、中華文明が理想とする「五帝」の時代になります。

司馬遷の『史記』は「五帝本紀」から始まっていますが（「三皇本紀」は唐代の加筆）、神話に若干の具体的な事実が伝わる歴史として、「五帝」の筆頭である黄帝について、

――**黄帝伝説のあるところに共通の民俗風土があり、いくらかの史実が紛れ込んでいることは否定することができない。**

と本紀を立てた理由を司馬遷は説明しています。古代中国において文明の発展した中心、即ち先進的な地域を「中原」と呼びましたが、黄帝はその領域を支配下においた開国の帝王とされ、漢民族の先祖であると中国大陸に住む人々は大昔から信じていました。

現代中国を統治する中国共産党も、中華民族の始祖はこの黄帝であると定めています。清朝末期に革命派と呼ばれた人たちによって、黄帝が即位した紀元前2697年という伝説の年を紀元とした「黄帝紀元」なるものが、西暦やイスラム暦と同じように提唱されてもいます。

黄帝の後を継いだ帝顓頊、帝嚳、帝堯、帝舜の四人の帝王、夏、

キーワード　五帝

古代中国に存在したとされる5人の聖君。「史記」では黄帝・顓頊・帝嚳・帝尭・帝舜が挙げられ、「帝王世紀」は少昊・顓頊・帝嚳・帝堯・帝舜を挙げている。

殷、周、秦の始祖は全て、この黄帝の子孫とされています。これはあたかも源平藤橘の四つの氏のいずれかの子孫と信じていた日本人が、神話的には神武天皇の子孫に繋がる伝説と似ています。

黄帝の時代には、宰相や将軍が置かれる政治体制が整えられ、文明も発達して舟や車輪が作られ、日月を観測して天文の書や暦、十干十二支が定められ、十二の音階も定められたりしたとされています。また黄帝の最期は、採掘した銅から「鼎」を作ると突如、龍が迎えに現れて、黄帝は天に帰って行ったと、SF ファンが喜びそうな逸話も残っています。

しかしながら、黄帝の言葉というものは、実は残されていません。顓頊や嚳も同様ですが、50 年間統治したと伝わる堯の言葉が、本項フレーズとして記録されています。続けて、

——富則多事､寿則多辱。(富めば則ち事多し。寿ければ則ち辱多し)。

「金持ちになれば悩みも多くなる。長生きすれば恥も多くなる」とも述べています。人間の性や悩みは、何千年も前から全く変わらないようです。

この堯は仁徳と知徳を兼ね備えて太陽のように暖かく、風采も立派であったそうです。その堯が自らの政治が正しく行われているのか、本当に人々は幸せに暮らしているのかと疑問を抱きます。

仕える者たちに問い質しても民情を知る者がいないことから、堯は一般人と同じ服装をして、お忍びで街中へ出て、子供や老人たちが平和に暮らしている様子を現地・現物で視察して確認したことが記されています。現場第一主義の経営者の元祖のようです。

まとめ

❶黄帝は開国の帝王、漢民族の先祖とされている。

❷黄帝の時代に、様々な政治体制が整えられたとされている。

❸人間の悩みというものは、大昔から変わっていない。

コラム　人物１

黄帝（？〜？）

伝説上の人物で、「三皇五帝」の一人。『史記』では五帝の最初の帝、『十八史略』では三皇の一人となっている。姓は公孫、または姬といい、名を軒轅という。

炎帝（神農氏）の時代に、炎帝を「阪泉の戦い」で破り、また反乱者の蚩尤を「涿鹿の戦い」で破り、帝位に就いた。

舟、車、文字、音律、医学、天文学などを創始し、人類文化の創始者と言われ、文化的な生活を人類にもたらした最初の帝王とされている。

また、戦国時代、様々な思想集団がその始祖を特定したが、黄帝は道家により、老子に先だって始祖とされた。

黄帝が漢族最初の統一国家を創建したとも言われ、漢族の人々から崇められており、中国近代の文豪である魯迅も若いときに、「題自小像」（1903年）という詩を作って黄帝軒轅に言及し、漢民族の国家建設のために、革命に身を捧げる意気を歌った。

我以我血薦軒轅。
我は我が血を以って軒轅に薦めん。
（私は自分の血を軒轅に供えるつもりだ）。

激しい気概を感じさせる詩句である。

黄帝は、龍が迎えに来て、天に昇ったと伝えられている。臣下は山のふもとに黄帝の衣服を埋めたが、そこが陕西省延安市黄陵県の橋山で、現在、黄帝陵がある。

▲黄帝陵（陕西省延安市）

▲黄帝像（河南省新鄭市・黄帝故里）

全身全霊で働くという使命

03 生は寄なり。死は帰なり。

夏

漢文 生寄也。死帰也。

中国に今も息づく死生観

禹は10年にわたって帝位にあり、視察出張中に会稽で崩じます。現在の浙江省紹興市には立派な大禹陵が残されています。

ある時、禹が揚子江を渡る際に黄金色の龍が現れて、その背中で一行が乗る船をひっくり返そうとしました。誰もが震え上がった時、禹は落ち着き払って天を仰いで、本項フレーズをつぶやいたそうです。自信溢れる達観した禹の言葉に、さすがの龍も感心して立ち去ったという逸話は、聖天子の真骨頂です。

この「生寄也。死帰也」、即ち人間は宇宙の本源から生まれてからしばらくの間、この世に仮に身を寄せて生きているのであって、死ぬのは元の本源に帰ることであるという死生観は、中国人の思想の根底に今日でも息づいています。

日本人から見れば、ややもすると拝金主義で、極めて現実的で合理的な行動をする中国人は、全く保証がない夢や来世に想いを馳せたり、現実逃避の心霊やオカルト世界に走ったりすることはあまり

人がこの世にあるのは旅の途中に立ち寄ったようなもので、死ぬのは家に帰るのと同じだ。

英訳 To live is to experience a journey, but to die is to simply return home.

ありません。

歴代の皇帝や知識人たちに、この死生観を旨としている者も多く、唐の太宗が同様の言葉を述べている話が**『貞観政要』**にも記述されている程です。

禹は帝位を先代の帝舜と同じように、自分の息子ではなく右腕として活躍していた宰相の益に譲ると遺言していました。３年の喪が明けた後、益は禹の息子の啓に帝位を返上します。啓は人望も厚く諸侯が推戴したので、この時から帝位が世襲となりました。

禅譲ではなく世襲による王朝体制は、清朝が滅亡する1912年までの約4000年間も続くことになります。因みに「中国5000年」ではなく「中国4000年」とするのは、この夏王朝の始まりからカウントした場合です。

――声は律と為り、身は度と為り、準縄を左にし、規矩を右にす。一饋に十たび起って、以て天下の民を労う。

とあるように、禹の声は優しく丁重であり、その姿勢はきっちりとしていて、自らを戒めるために左手には基準とするための墨縄（昔の大工が黒い線を引くために使った糸や縄）を持ち、行いを正すために右手には定規を持っているかのようで、一度の食事中に十回中断しても立ち上がって陳情や報告を聴く程の熱心さで人々を治めたそうです。

まとめ

❶中国では合理的な死生観が根底にある。

❷唐の太宗も禹と同様の言葉を残している。

❸禹は謙虚にして熱心な態度でマネジメントを行った。

人徳こそが人を治める

左せんと欲せば左せよ。右せんと欲せば右せよ。命を用いざる者は、吾が網に入れ。 殷

漢文 欲左左。欲右右。不用命者、入吾網。

おや、こんなところに網が
猟師だろうか
天乙
精が出ますね
これは王様
これから猟でございます
バサァ
さあ始めますよ

天から飛んで来るもの
地から出て来るもの
東西南北から来るもの
全てこの網に入れ
バッ
ちょちょっとお待ちなさい
そんなことをしたら取り尽くしてしまう
えっ
…天乙様

さあ、ここは外して…
四方のうち三方は外してやりましょう
わかりました!
なんとお優しい…
グズ
王様は獣にまで情けを…
この話を聞いた諸侯たちは天乙は人間に対してだけでなく禽獣にまで情けを掛けていると感心を新たにし
…ということがあったんだそうな
なんと王様の人徳の高いことよ
ますます天乙を尊敬するようになったという

左へ行きたければ左へ行け。右へ行きたければ右へ行け。私の命令に従わない者は網にかかれ。

英訳 Go to left if you want to go to left or go to right if you want to go to right, but those who disobey my order will be caught in a trap.

王朝交代の歴史が生まれた理由

紀元前 1900 年頃に禹によって建国された夏王朝は、一四世一七代、471 年も続きます。

夏は『史記』に記されている最古の世襲王朝とされていましたが、20 世紀の半ばの二里頭遺跡（河南省偃師市）の発掘という考古学的発見があるまでは、神話や伝説として片付けられていました。それまで最古の遺跡とされていた「殷墟」より古く、大規模な宮殿や住居跡や墓が見つかったのです。２万人以上が住んでいたと推定される大きな集落の跡です。

この夏の一七代目の桀王は、暴虐無道で末喜という美女に溺れて**「酒池肉林」**と放蕩に耽ります。酒の池に舟を浮かべ、肉を串に刺して林のように並べるような豪華な宴会を毎晩開いたそうです。その宴で桀王は人を馬の代わりにしてその背に跨がり、太鼓を一度鳴らせば同時に 3000 人の女たちが一斉に牛が水を飲むように酒池の酒を飲み、浪費の限りを尽くしたりしたので、財政危機と人心の離反を招きました。

諸侯の一人である天乙（湯王）は人望があり、他の諸侯と共に紀元前 1600 年に「鳴条の戦い」で桀王を破り、夏を滅ぼして商（殷の本

キーワード **易姓革命**

王朝が変わること。「易姓」は王や皇帝の姓を変えることを意味し、「革命」は天命が改まることを指す。君主は天命を受けて政治を行うが、君主に徳がなければ別の姓の有徳者が帝位に就くという思想。

来の国号）を建国しました。

武力によって王朝を倒したことは、天から与えられた命、つまり統治者の資格が、夏から商の別姓の王家に移ることになったことを正当化して、「**易姓革命**」と呼ばれるようになりました。日本のような「万世一系」でなく、王朝交代の歴史が中国に生まれた重要な一因です。

商の天乙は、夏の初代君主の禹王と並ぶ聖王とされています。天乙の先祖である契は、舜の時代に禹の治水事業を助けた功績によって、商に領地を与えられました。以来その子孫は夏の諸侯として続き、一二代を経て天乙が継ぎます。

天乙は伊尹という名臣を得て、領民を慈しんで領地を良く治めます。その人徳により他の諸侯から尊敬を勝ち得る一方、桀王からは疎まれて牢にぶち込まれたこともあります。

ある時、天乙は猟師が網を四方に仕掛けているのを見掛けます。

「天から飛んで来るもの、地から出て来るもの、東西南北から来るもの、全てこの網に入れ」

猟師が大きな声で叫んでいるのを聞いた天乙は、そんなことをしたら取り尽くしてしまうと言って、四方に仕掛けられている網の三方を取り除いて、本項フレーズで祈りました。

この話を聞いた諸侯たちは、天乙の人徳は人間に対してだけでなく、禽獣にまで情けを掛けていると感心を新たにし、ますます天乙を尊敬するようになったそうです。

古代中国においては、目前の利益のために取り尽くすことによって後々になって困るということが、既に認識されていたと窺える興味深いエピソードです。

まとめ

❶夏王朝は浪費を尽くした結果、崩壊した。

❷天乙が夏を滅ぼして、商を建国した。

❸人徳のある天乙は、人々の尊敬を集めた。

コラム　故事成語1

後世必有以酒亡国者

（後世、必ず酒を以て国を亡ぼす者有らん）

「後世、必ず酒で国を滅ぼす者が出るだろう」

酒が国を滅ぼした例を考えると、絶対君主制の時代は、その君主が酒に溺れれば、国が滅びることになるのは想像できる。

中国の神話の時代は、あらゆる物が初めて作られている。火、文字、楽器、耕作、医薬などだが、酒もそのひとつ。この言葉は、まだ酒がなかった時代、堯、舜のあとを継いだ禹の時代のことである。

それまで、飲み物は醴酪（乳と甘酒で作った、酸味のあるうすい酒）しかなかったが、この頃、儀狄という男が初めて酒を作った。禹は飲んでみて、そのうまさに驚き、言った。

「後世、必ず酒で国を滅ぼす者が出るだろう」

禹はそれからというもの、儀狄を遠ざけるようになった、という。

禹の予想は当たり、**『十八史略』**では、子孫の桀王が「酒池肉林」の宴を開き、民心が離反し、ついに夏王朝は、殷の湯王に滅ぼされた、とある。

なお、『史記』では、「酒池肉林」は殷の紂王としている。いずれにせよ、酒は少量に抑えれば「百薬の長」になるが、酒に飲まれてしまえば国をも滅ぼす、というのは間違いない。

▲禹王城（山西省夏県）

▲大禹陵（浙江省紹興市）

力に頼りすぎるというリスク

先王、徳を耀かして兵を観さず。 周

（せんおう、とく、かがや、へい、しめ）

漢文 先王耀徳不観兵。

このほど…
国境の西に住む異民族である犬戎を征伐することにした
ザワッ
穆王
なんと…
先代の王は決してそのようにはなさらなかったのに
陛下！
ヒソ ヒソ
ザワ
畏れながら申し上げます
先代の王は徳を高めて民を心服させ
兵力を示して威圧することはありませんでした
チッ
黙れ黙れ！そのような弱腰は許さんぞ！
犬戎を征伐する
兵を集めよ！
ドス ドス
こうして兵を出した穆王だったが犬戎討伐は失敗に終わり
陛下…
くっ…これほどまでに失敗するとは…
結局生け捕りにできたのは
4匹の白狼と4匹の白鹿だけとは…
これ以降、周王朝の威厳も衰え始める

先代の王は徳を高めて民を心服させ、兵力を示して威圧することはありませんでした。

英訳 Early wise Kings showcase their virtue, not their military might.

力に頼って失敗したリーダー

中宗太戊によって再び国力を増した商（殷）も、それから数代を経た帝辛（紂王）の代に滅亡してしまいます。帝辛は初めは有能なリーダーでしたが、やがて国政を疎かにするようになり、夏の桀王と同じく暴政を行うようになりました。

有力諸侯の一人である西伯昌（周の文王）に人望と支持が集まり、その息子の武王は太公望呂向や周公旦などの名臣を従えて、遂に「牧野の戦い」で紂王を破り、殷を滅ぼして周を建国します。紀元前1000年頃の話です。

以来、夏の禹王、殷の湯王、周の文王と武王は、理想の「聖王」として中国では崇められ、夏の桀王と殷の紂王は「桀紂」と一括りにされて、「暴君」の代名詞となりました。

周王朝の五代目である穆王は、8頭の駿馬を持っていました。一夜で何千キロも走ったり、光よりも速く駆けたり、雲に乗って飛んだり、翼を持っていたりなど、神話も顔負けの凄い馬たちに跨って穆王は、天下を駆け巡ります。また穆王は古代中国における女神ともいうべき仙女である西王母に会いに、西方の果てまで出かけて、西王母と3年間も毎日宴会を楽しみながら逗留したという伝説の持ち主です。

その穆王はある時、国境の西に住む異民族である犬戎を征伐しよう

キーワード **穆王**

周の第五代の王。『史記』では、50歳の時に即位し、その後55年間在位したと記録されている。周の衰退を招いたとされるが、穆王の時代に法が整備され、国力が充実していたという説もある。

と兵を集めます。すると重臣の一人が進み出て、本項フレーズで諫めました。

武力で殷を倒した初代の武王の後、成(せい)王、康(こう)王、昭(しょう)王と歴代の王たちは軍をみだりに動かさず、天下に太平をもたらしていたと説きます。しかし、歴代の先王たちは力を誇示せず、徳によって人々や異民族を心服させたという美談など、血気盛んな穆王の耳には入りません。

犬戎を自ら征伐に赴いた穆王は、結局は４匹の白狼と４匹の白鹿を生け捕りにしただけで、虚しく都へ帰って来ました。これ以降、遠方の異民族からは貢物も来なくなり、諸侯たちも穆王に不信感を抱くようになり、周王朝の威厳も衰え始めます。

意気軒高で強気で才気に走りやすいリーダーは、現代の企業においても良く見掛けます。オーナー企業の創業者の息子である二代目社長、オーナーに抜擢された米国帰りのMBA保持者(ホルダー)、外資系を渡り歩く経営者など、浮ついたままで本領を発揮することなく消えてしまうケースも多々あります。個人的な能力が極めて高い人物が多いだけに、実に勿体ない話です。

人の意見に耳を傾けること、己の力は過信せずに隠すこと、控え目で謙虚であること、そして何よりも権力ではなくその人格と人柄で誰をも心服させるように努めること、これは叩き上げでなく運によって、組織のトップの地位に就く者が心掛けなくてはならない鉄則です。

決して世襲や抜擢・スカウト人事を否定するつもりはありませんが、地道にトップの地位に登り詰めるための努力や忍耐を持つことこそ、徳を輝かせる第一歩のようです。

まとめ

❶武王が商を滅ぼし、周を建国した。

❷穆王は異民族を征伐しようとしたが失敗した。

❸リーダーが己の力を過信するのは禁物である。

コラム　故事成語2

玉杯象箸（玉杯象箸）

贅沢な要求が抑えられなくなることを言う。

殷の紂王は、頭の回転が速く、動作も敏捷で、猛獣と素手で戦うという剛力の持ち主だった。頭の回転が速いので、諫言する臣下を簡単にやり込めるし、非行も言葉で言いくるめてしまう。

彼は初めて象牙の箸を作った。これを聞いて、叔父の箕子が嘆いた。

「箸を象牙にしたら、これまでの土器の食器では満足できないし、杯も玉製にするだろう。玉杯に象牙の箸とくれば、野草の吸い物、粗末な着物、茅葺きの家といった質素な生活とはおさらばだ。錦の衣を重ね、壮麗な宮殿に住み、それに見合うものを求めていくと、天下の富を集めても、足らなくなるに違いない」

人間の欲望は限りがなく、贅沢な物をちょっと集めると、さらに贅沢は広がっていくというわけだ。資金に限りがあって、そこでやめられればよいが、無理に資金を作り出すところから悲劇が始まる。絶対君主が「玉杯象箸」を始めると、苦しむのは税を払う庶民となる。

なお、**『韓非子』**喩老篇では、「象箸玉杯」となっている。韓非は同篇で、「禍は、足るを知らざるより大なるは莫し」と言っている。つまり、「満足を知らないのが最大の不幸せだ」と言っている。

権力がもたらす錯覚の罠

民の口を防ぐは、川を防ぐよりも甚だし。

周

漢文 防民之口、甚於防川。

のう巫女や そなたは どう思う
あまり よろしく ないかと…
クルッ
厲王
陛下は あの衛の生まれの 巫女にすっかり 夢中でおられる
困った ものだ
巫女様と お呼びしないと
シッ
お前たち 巫女の意見に 反対では あるまいな?
滅相もございません!
ビク
あの者たちは 王を非難 致しました
許さん! 死刑じゃ!
コソッ
ウムム…
お助けを!
ヒィィ
陛下!
人々は嫌疑を受けることを恐れて 何も言わなくなった
シーーン…
……
……
人々の口を 塞ぐのは危険で ございます
どうぞお考え 直しを!
ええい うるさい
バタ
バタ
陛下
なんと 情けない
あんな王では 役立たずだな!
ゴオオ
火事だ
ついに暴動が起こるに至った

人々の口を塞ぐのは、川の水をせき止めるより難しく危険である。

英訳 It is more difficult and dangerous to put the people to silence than to dam up a river.

「共和」と呼ばれる公正な政治体制が実現

周の穆王の後、共王、懿王、孝王、夷王と続いて厲王が即位します。厲王は驕り高ぶり奢侈を極めて、暴虐非道の政治を行います。まさに「桀紂」の再来です。

厲王に諫言する者が増える中、王は衛の生まれの巫女を寵愛するようになります。

「王を非難している」とその巫女が名指しすれば、身分の上下にかかわらず告発された者は直ちに捕らえられて処刑されました。

人々は嫌疑を受けることを恐れて、道で行き交っても余計な口をきかないように、アイコンタクトで危険を知らせ合う程の恐怖政治が敷かれるようになります。

「余の力を恐れて、民が王の悪口を言わなくなった」

と厲王は満足します。すると重臣の召公（召公奭の子孫）が、本項フレーズを述べてから、

「水の流れが塞がって堤防が切れれば、必ず大きな被害を招きます」

と忠告をします。勿論、王は聴き入れません。

そうこうする内に国力が衰える中、民衆の不満が頂点に達した紀元前824年、遂に怒り狂った民衆が暴動を起こして、王宮に侵入して厲王を殺害しようとします。厲王はかろうじて王宮を脱出して、黄河

キーワード **共和**

周の厲王が反乱を受けて逃亡した後、周公と召公が協力して摂政を行った時代のこと。これが「共和制」の語源となった。その後、宣王が即位した。周は復興することとなった。

の彼方へと逃げ去ります。

王が不在になった宮廷において、宰相の地位にあった周公と召公の二人が王に代わって政治を行います。14年間に亘って善政が行われ、君主なしで有力な賢人たちが、共に和す、つまり協力して合議による公正な政治体制を敷き、これが後に「共和」と称されるようになりました。

後にこの故事から、リパブリック（Republic）の訳語として「共和国」としたのは、日本で初めて世界地図を紹介した箕作省吾です。幕末の著名な蘭学者の箕作阮甫の養子です。

「共和国」に相当する中国語は元々「民国」でしたが、現在の中国大陸ではご承知の通り、中華人民共和国として、日本人が考えたこの和製漢語が国号に採用されています。

本項にある「民」は国王にとっての一般大衆ですが、企業、行政機関、非営利団体にとってみれば組織を構成するメンバーであったり、一般消費者であったり、協力業者や下請けであったり、資金支援者や株主であったりする利害関係者に相当するでしょう。

現代の組織においては、大勢の利害関係者が複雑に絡み合っています。その人たちの目をかいくぐって、密室で不正を行うことは難しくなっています。IC レコーダーなどでオフレコの発言もいとも簡単に晒され、様々な形で情報が漏れる時代です。

しかしながら、高い地位や権力のある人たちが、自分だけは別だと勘違いを起こして、自らを滅ぼすことは未だに絶えません。組織のトップであるリーダーたる者は、非難や誹謗中傷に耐える力を備えると共に、トップの地位にある時には不断の覚悟が必要だということでしょう。

まとめ

❶厲王に代わって周公と召公による善政が行われた。

❷トップは利害関係者から常に見られる存在である。

❸トップは非難されることを怖れてはならない。

コラム　人物2

太公望（紀元前11世紀頃）

太公望呂尚は東海のほとりの人である。年老いるまで貧乏暮らしをしていた。周の国で、魚釣りをしていた時の、こんなエピソードがある。

あるとき、周の西伯が猟をしようとして占いをした。すると、

「龍にあらず、蛟にあらず。熊にあらず、羆にあらず。虎にあらず、豹にあらず。獲物は覇王の補弼の臣」

と出た。西伯が猟に出かけると、渭水の北岸で釣りをしていた呂尚に出会った。呂尚と話をするとすっかり興味を惹かれた。

「先代の太公のころから、『まもなく聖人が現れ、周の繁栄を導く』と言い伝えられていたが、あなたこそきっとその人に違いない。太公はあなたのことを長いあいだ待ち望んでいました」

こう言って、太公が待ち望んでいた人ということで、呂尚に「太公望」と号を与え、車に同乗させて帰ると、軍師に任じた。ここから日本では釣り人を太公望と呼ぶようになった。

さて太公望は、西伯（文王）、武王と仕え、武王が殷を「牧野の戦い」で滅ぼし周を建国すると、その軍功によって斉に封じられた。

呂尚の著書とされる兵法書である『六韜』『三略』は、漢を建国する劉邦を輔佐した軍師の張良に重んじられた。

引き際を誤ることの悲劇

久しく尊名を受くるは不祥なり。 春秋戦国 呉

漢文 久受尊名不祥。

范蠡様！
范蠡様！
ワァッ

商売に成功していた范蠡の評判は
范蠡
さぁどうぞ!!
それをーつ!!
私にも！

やがて都にまで届くようになった
なに そのような 男が
はい 大層な 商才で

范蠡よ
この国の 宰相になって くれぬか
この国を 豊かにして くれ
私の立身出世も 極まった…

畏れながら 申し上げます
長い間に及んで 名声を得ることは 不吉の前兆で あります

范蠡は宰相を辞退して、斉から脱出
あのような 名誉を 自ら…
先見の明の ある方は やはり違う

才能のある人物が 晩節を全うするためには、
成功の頂点にある時に身を引くという「引き際」が大切である

長い間に及んで名声を得ることは不吉の前兆である。

英訳 It is a harbinger of danger to be famous for a long time.

有名であることのリスク

周の厲王が紀元前 828 年に異郷で崩御（帝王が亡くなること）すると、息子の宣王が即位します。宣王は共和政治の時代の賢臣を厚く任用したことから、周王朝は復興します。

しかしながら、その息子の幽王が即位して 3 年後、褒似という美女を寵愛して政治を顧みず、反乱によって殺害され、周は紀元前 771 年に滅亡します。現在の西安から東方の洛陽に逃れた息子が、諸侯の力を借りて、平王として翌年に周を再興します。周はこの時を境に「西周」と、平王の建国した「東周」に分けられます。一般的に紀元前 770 年に東周が建国されてから、紀元前 221 年に秦が中国大陸を統一するまでの約 550 年間が、春秋戦国時代と呼ばれます。

周の王室の一門が治める呉は、現在の江蘇省あたりにあった国ですが、豊かな大地を背景に国力を増して、隣国の越と争い始めます。38 年間に及ぶ宿敵同士になります。後に『孫子』に**「呉越同舟」**の故事を言わしめた程です。「呉越同舟」とは、

――**仲の悪い者同士でも敵味方でも同じ船に乗り合わせて、暴風に襲われて船が転覆した時には、恩讐を忘れて互いに助け合うに違いない。**

孫子（孫武）が仕えた呉王の闔閭は隣国の楚と争いを繰り返す中、遂に楚の都を落とした時、隣国の越王允常に攻められます。呉王は引き返して何とか撃退したものの恨みは残り、10 年後に允常の息子の勾践が越王に即位するや呉に攻め込みます。越王の重臣である范蠡の奇策によって呉王闔閭は敗れます。

父の仇を討つべく呉王夫差は、伍子胥の補佐を受けて富国強兵に努

め、遂に越を攻めて勾践を捕らえます。范蠡の工作で勾践は助命されますが、今度は勾践が呉に復讐を誓います。やがて呉王夫差が斉を討って更に晋と覇権を争っているその隙に、国力を密かに蓄えた越王勾践は呉に攻め込み、太子や大臣らを処刑して積年の屈辱を晴らしました。

4年後の紀元前473年、現在の蘇州にあった呉の都が越によって攻め込まれ、呉王夫差は降伏します。使者を越王に遣わして、自分が勾践の命を昔に助けたことを陳情します。すると越王の重臣である范蠡は、呉王はあの時に越王を処刑することが出来たことに触れ、

――天から授かった機会を逃したので、呉が今日のようになりました。越王は22年間の苦しみをお忘れですか。

と強く諫めますが、勾践は呉王夫差を遠流とします。それを聞いて恥じた呉王は自裁しました。

呉を滅ぼした越王勾践は、やがて各国から覇者（周王の代理たる諸侯中の諸侯）と認められて有頂天になります。長年に及んで越王に仕えた范蠡は、一族郎党を率いて越を去って斉に移住します。名を変えて商売を始めたところ大成功を収め、斉王は范蠡を宰相に任じます。立身出世も極まった范蠡は本項フレーズを述べます。過去の経験から、長い間に亘って有名であることは、知らぬうちに妬みを買ってしまうものだから危険であるという訳です。范蠡は宰相を辞退して、斉から脱出します。

才能のある人物が晩節を全うするためには、成功の頂点にある時に身を引くという「引き際」が大切であるというのは、2000年以上前からの変わらぬ秘訣であるようです。

まとめ

❶范蠡は有頂天になった越王のもとを離れた。

❷長い間有名であることは危険を伴うことである。

❸成功した人間に重要なのは「引き際」である。

コラム　人物3

伍子胥（？～紀元前484）

春秋時代末期の呉の重臣。父の伍奢は楚の重臣だったが、平王から妬まれ、長男とともに殺された。伍奢の次男である伍子胥は楚から鄭、そして呉に逃れ、呉の公子である光に仕えた。公子光に野心があると見抜き、専諸を推薦し、自分は時節の到来を待った。

呉王僚への王位継承に不満を抱いていた公子光は、呉王僚を宴席に招き、専諸を刺客にたて、呉王僚を殺害した。王位に就いた光は闔廬と名を改め、伍子胥を陪臣として重用した。

伍子胥は、将来楚への攻撃に備え、孫武を登用するように闔廬に薦め、孫武は将軍として迎えられた。孫武は兵法書『孫子』の著者である。

やがて機が熟すると、伍子胥は孫武とともに楚の攻撃にかかり、楚の都郢を陥れた。

伍子胥は、平王の墓を暴き、平王の死体に鞭打って、恨みを晴らした。「死者に鞭打つ」という語源である。友人の申包胥がこの行為を批判すると、「日ぐれて途遠し」と答えた。

やがて、越を攻めるが、闔廬が矢傷がもとで亡くなり、夫差が後を継いだ。この時、闔廬から夫差は「勾践が父の仇であることを忘れるな」と言い渡された。夫差は、朝晩に薪に寝起きして、復讐の念を新たにした。

こうして夫差はついに越王勾践を破った。会稽山に逃れた勾践は、和議を申し出た。伍子胥は反対するが、夫差は勾践を許してしまった。今度は勾践が復讐を誓い、帰国すると、自分の部屋に干した胆を吊るし、常にそれを嘗めて苦さを味わい、呉への復讐を誓った。「臥薪嘗胆」の故事の出典である。

伍子胥は越から賄賂を受け取った重臣の讒言を受け、ついに夫差から死を賜った。伍子胥は、自ら首を刎ねて死んだ。

やがて呉は越に敗れ、夫差は自殺した。

▲伍子胥の墓（江蘇省蘇州市）

謙譲と力を使い分けよ

文事（ぶんじ）あるは必（かなら）ず武備（ぶび）あり。

春秋戦国 魯

漢文 有文事者、必有武備。

外交交渉には、必ず武力も備えているものです。

英訳 An effective leader who knows the importance of negotiations is already well-armed.

孔子を取り立てた魯の定公

伯禽を初代とする魯公から数えて26代目の定公は、中都の宰（知事）に孔子を取り立てます。孔子はこの時、52歳、紀元前501年のことです。孔子は名を丘、字を仲尼といい、魯の昌平郷（山東省曲阜市）の生まれです。宋の湣公に連なる家系で、孔子の曽祖父の時代に魯に移り住んで来たと伝わっています。

孔子が礼を整えると、1年もしないうちに国中が落ち着き安定するようになりました。それを見た隣国は、魯の礼の真似をするようになります。そこで定公は孔子を司空（大臣）に進め、やがて大司寇（最高裁判所長官と検察庁長官を合わせたような役職）にまで任じます。

ある時、魯の定公が隣国の斉の景公（太公望の子孫）と国境近くで会うことになりました。その際に本項フレーズで進言し、油断せずに屈強な護衛兵を連れていくように提案します。

複数の諸侯同士が表向き対等の立場で集まって、盟約を結ぶことを「会盟」といいました。

和平の会盟の時に諸侯たちは、生贄となる牛などの家畜の耳から採った血を互いに飲み干して、盟約を守るという誓いの儀式を行いました。この時に、最も有力な者が最初に牛の耳に刀を入れることから、「牛耳を執る」、転じて「牛耳る」という言葉が生まれました。

キーワード **会盟**

諸侯間、国家間で行われる会、そこで結ばれる盟約、またその盟約を締結する儀式のこと。唐・宋の時代にも異民族との間で会盟が行われた記録がある。

諸侯同士が集まる場は、現代の国家首脳同士の会議や企業経営者たちの会合以上に、極めて緊張したやりとりが成される場でした。一国の首脳陣が目の前にいる訳ですから、一網打尽にして血祭りにあげて、一気にその国を攻め取るようなこともあったからです。

さて魯の定公も斉の景公と会合し、儀式も無事に終わってから、斉の役人たちは宴のためにと称して、異民族の楽団による無踊を見せたいと申し出ます。武装した姿のままで太鼓や銅鑼を鳴らす異民族の舞は、まるで酒に酔ってドンチャン騒ぎのようです。斉は、どさくさ紛れに魯公や高官を暗殺しようと試みたのでしょう。

「大国同士の神聖な会合に、異民族の音楽や舞など失礼ではないか」

と孔子は詰め寄ります。斉の景公は恥じ入り、一度は異民族の楽隊を退かせますが、今度は斉の役人が斉の宮廷の楽団を招き入れます。もしかすると、即席の暗殺団だったのかも知れません。これを見た孔子は、

「身分の低い者の下品な舞などを重要な場で諸侯のお目に入れるとは、法に則して死刑だ」

と叫ぶや、役人に命じて斬り殺してしまいました。その迫力に押された斉の景公は、

「魯ではリーダーの道を以てトップを補佐する人財がいる。我が国は一体どうしたことだ」

と面子丸潰れだと嘆いて、以前から占領していた三つの都市を魯に返還して非礼を詫びます。

謙譲な態度で相手を尊重しながらも、秘めたる力は時折しっかりと見せつけるというやり方は、交渉を有利に進める上で、現代のリーダー同士での会議でも極めて効果的です。

まとめ

❶孔子は国中を安定することに貢献した。

❷外交交渉の場では油断は禁物である。

❸いざという時は力を見せつけるやり方が有効。

コラム　人物4

孔子（紀元前551～紀元前479）

孔子は子供の頃から葬式ごっこをして遊ぶ程、冠婚葬祭にかかわる作法が好きで、それも失われた理想の時代である周の礼制、即ち周公旦が定めた「礼学」を第一とした。

孔子は自らがまとめた教えを「儒教」とし、周の礼法に自分自身で開発した儀礼や作法を大幅に加えた「礼学スクール」は、当時の若者たちを惹きつけた。孔子は自身の栄達には不遇であったものの、一時は3000人以上にも上る弟子たちに恵まれた。

魯の大司寇として多くの実績を上げたが、既得権のある重臣たちからの反発を余儀なくされて辞職し、魯を去って弟子と共に遊説の旅に出た。自動車、鉄道、飛行機がない時代の、国から国への壮大な移動であり、14年にも亘る放浪の旅となった。

一国を任されるような仕官のチャンスを求めて諸国を回ったが、孔子にアドバイスを求める諸侯はいたものの、その提言が採用されることはなかった。孔子を恐れる各国の重臣たちから様々な嫌がらせや妨害工作もあり、不遇がこれでもかと続いた。

魯に戻った孔子は著述と教育に専念し、魯の歴史を『春秋』としてまとめ、多数の詩を三〇五篇に分類して編集した。孔子の死後、その言行は弟子たちによって『論語』としてまとめられ、中国社会のみならず東アジア世界に多大な影響を今日まで与えている。

▲孔子廟（山東省曲阜市）

一言の重みを自覚しているか

09 天子に戯言なし。

春秋戦国 晋

漢文 天子無戯言。

リーダーが発する言葉の権威

周の武王は建国して直ぐに亡くなりましたので、まだ幼い成王が即位します。その成王がある時に弟と庭で遊んでいると、成王は桐の葉で圭（天子が諸侯を封ずる時に授ける先端の尖った玉で作った細い板）を作って、

「汝を諸侯として封じる」

と告げて弟に圭を手渡します。

成王が宮殿に帰ると、王の記録係である太史の佚という者が尋ねます。

「任命式はいつ行いましょうか」

「あれは単なる遊びで、ほんの冗談だ」

成王は笑いながら手を振ると、太史は真顔のまま本項フレーズで成王を諭します。トップの地位にある者は、プライベートの時間であっても、戯れやふざけて、軽々しく口を開くものではないという訳です。成王は仕方なく、弟の虞を唐に封じることになりました。

古今東西において、帝王の発言は誤りがなく、神聖なものであるという思想がありました。また仕える者が主人に対して反論したり、誤りを指摘したりするこ

リーダーたる者に二言はありません。

英訳 An effective leader always keeps his words.

とは無礼とされました。それ故に、一度発せられた言葉は、仮に言い間違いであったとしても、この過ちを認めることは帝王の絶対的権威を否定する行為でした。

リーダーたる者は、やはりその責任と同じく、自ら発する言葉も重たいのだと認識しなくてはなりません。物事を良く考えずに言葉を発することは、道理を理解せずに行動するのと同じです。儒教の基本聖典である『五経』の一つである『礼記』坊記には、

——**君子約言、小人先言。（君子は言を約し、小人は言を先にす）。**

「優れたリーダーは何も言わずに実行するが、愚かなリーダーは実行する前に口外する」

とあります。『論語』里仁篇には、

——**君子欲訥於言、而敏於行。（君子は言に訥にして行いを敏ならんと欲す）。**

「優れたリーダーは口数が少なく、機敏に行動して実践したいと望むものだ」

と「実践躬行」こそ、リーダーたる者の正しい姿勢であると孔子は述べています。情報発信のし過ぎではリーダーは務まらず、常に行動によってその言動を示すのが肝腎です。

まとめ

❶成王は冗談を発した責任を取ることになった。

❷トップは軽々しく口を開いてはならない。

❸過多な情報発信がリーダーの地位をおとしめる。

重用すべき人財・すべきでない人財

人情に非ず。近づく可からず。

春秋戦国 斉

漢文 非人情。不可近。

管仲よ
そなたは誰を後継の宰相にしたら良いと思うか
桓公
ゼーハー…
…
管仲
私はあの三名が良いかと思うのだが…
開方
易牙
豎刁
桓公様 その三名の者は…
人の道に外れるような者をお側に近づけてはいけません
管仲…
その後ー
管仲様も亡くなられて…
結局あの三名が宰相になり…
管仲様のご進言は守られなかったのだなあ…
ワアアアァ…
管仲の死後、桓公はこの三人を重用し、国は乱れた
あの三人など登用したばかりに…
ゴオオオ
ゴホッ ゴホッ
ヨロ
あの時管仲の進言を聞いていれば…
桓公は死んだ時、遺体は棺に納められず、寝台に67日間も放置されたという

人の道に外れるような者をお側に近づけてはいけません。

英訳 Do not be close to an unreasonable person.

桓公から大いに信頼された管仲

周王朝建国の功臣である太公望呂尚(たいこうぼうりょしょう)は、斉(せい)に封じられました。その後裔である14代の襄(じょう)公は暴君で、公位継承資格のある弟たちを迫害します。弟の一人である子糾(しきゅう)は、管仲(かんちゅう)を従えて魯へ亡命します。その下の弟である小白は、鮑叔(ほうしゅく)を連れて莒(きょ)へ逃れます。

襄公は従弟の公子無知(むち)に暗殺されますが、無知も家来に殺害されてしまいます。そこで公子小白は斉に戻ろうとしたところ、その兄の子糾も魯公から兵を借りて斉へ帰ろうとします。

子糾を支持する管仲は、斉に入ろうとする小白を待ち伏せして射殺しようと試みます。惜しくも毒矢は小白の帯留めに当たり、小白は死んだふりをして馬車の中で倒れて、そのまま子糾より先に斉に戻って即位して桓公となります。

直ぐに桓公は魯へ派兵して子糾を討ち、管仲も捕らえて処刑しようとしますが、管仲の子供の頃からの親友の鮑叔が命乞いをします。

「公が斉のみを統治されるなら、高傒(こうけい)と私で十分です。しかしながら、公がもし天下に覇を唱えられたいならば、管仲を宰相にしなければなりません」

桓公はその諫言を受け入れて、管仲を許して宰相に任じ、鮑叔はその補佐に回りました。

管仲は後になって、

「私を生んだのは両親だが、私を理解してくれたのは鮑叔だ」と語っています。この二人の固い信頼関係は、「管鮑の交わり」という故事として知られています。

さて、桓公から絶大な信頼を受けた管仲はその期待に応えて、殖産振興で斉を豊かにし、諸国から人財を登用します。菅仲の諫言を良く聴き入れた桓公は、周辺諸国から頼られるようになり、晋の文公に肩を並べる覇者として認められ、斉は最盛期を迎えます。

その菅仲も紀元前645年に亡くなります。危篤の菅仲を見舞った桓公が、

「誰を後継の宰相にしたら良いか。易牙はどうか？」

と菅仲に尋ねると即座に、

「公の機嫌を取ろうとして、自分の赤子を殺してその肉を料理して差し出した男です」

と答えてから、本項フレーズを述べます。すると桓公は続けて尋ねます。

「開方はどうだろうか？」

「衛の公子でありながら親を捨てて亡命して来て、公の恩寵にすがった者です」

と管仲は述べてから、本項フレーズでまたも退けます。そこで桓公は更に問い質します。

「竪刁ではどうだ？」

「出世するために自ら去勢して宦官になった卑屈な奴です」

と遺言しました。しかしながら管仲の死後、桓公はこの三人を重用し、三人は専横を極めます。国は乱れ、やがて公子たちが後継者争いをする中、桓公は死去します。その遺体は棺に納められず、寝台に67日間も放置されたため、遺体が腐って蛆が外へ這い出す程でした。

変な忖度をする者を取り巻きにしたトップの最期は、惨めであると肝に銘じなくてはなりません。

まとめ

❶管仲の働きで斉は最盛期を迎えた。

❷管仲の助言を無視した桓公は政治の崩壊を招いた。

❸トップは媚び諂う人間を近づけてはならない。

コラム　故事成語３

三年不蜚不鳴（三年蜚ばず鳴かず）

紀元前613年、楚では荘王が即位した。しかし荘王は、３年間、政令ひとつ出さず、日夜飲めや歌えのドンチャン騒ぎを繰り返していた。そして、国中にお触れを出した。

「諫言する者は処刑する」

たまりかねた臣下の伍挙が荘王に謎をかけた。

「丘の上に一羽の鳥がいて、３年のあいだ、飛びもしなければ鳴きもしません。いったいなんという鳥でしょうか」

すると荘王はこう答えた。

「３年も飛ばないが、飛べば天まで高く飛ぶだろう。３年も鳴かないが、鳴けば人々をびっくりさせるだろう」

臣下の蘇従も、王の前に出て諫言した。すると荘王は、左手で蘇従の手を取り、右手で剣を抜くと、酒宴のための鐘や太鼓をつるした紐をサッと断ち切った。

その翌日から、荘王は政務に励み、伍挙と蘇従を重用した。３年間、誰が有能な臣下か、誰が無能な臣下かを見定めていたのである。

荘王はさらに賢人として名の高い孫叔敖を宰相に起用し、ついに覇者となった。

現在では、普通、「鳴かず飛ばず」と使われ、期待されていた人物がその期待にそむいたときに使われている。たとえば、野球のドラフト会議で一位指名を受け、鳴り物入りで球団に入った選手が、何年も「鳴かず飛ばず」で、球団から解雇された、というような場合に使われる。荘王の場合は、いわば雌伏期間のようなもので、その間、酒浸りとなって、無能な臣下をあぶり出した。いわば計画的、積極的な「鳴かず飛ばず」だった。どうせなら、こうありたいものである。

慢心は身を滅ぼす元凶

将軍、死するの心ありて、士卒、生くるの気なし。

春秋戦国 斉

漢文 将軍有死之心、士卒無生之気。

「決死の覚悟」の重要性

管仲の遺言に従わず非業の死を迎えた桓公が亡くなってから、斉の国力は徐々に衰えます。

遂に紀元前386年、重臣の田和が康公貸を廃位して公位を簒奪します。周の安王はこれを認めて、田和を新たに斉公に封じます。

田和の孫である斉の威王は、戦国時代随一の名君と言われています。斉の威王を継いだ息子の宣王もなかなかの名君で、甥の孟嘗君を宰相にして富国強兵を目指し、斉を西方の秦と並び立つ二大強国にまでに押し上げます。

宣王の息子の湣王の代になると斉は、武力で宋を滅ぼし、諸国を攻めて領土を割譲させ、他国を属国扱いするようになって恨みを買います。そこで遂に満を持した燕が反撃に出ます。

紀元前284年、燕の名将と知られた楽毅が斉に侵攻し、莒と即墨の二つの都市を残して占領された斉は滅亡の淵に追いやられ、湣王は部下に殺害されてしまいます。

リーダーが決死の覚悟であれば、メンバーは死に物狂いで頑張る。

英訳 The members of an organisation become desperate if their leader is desperate.

燕の包囲に耐える即墨の住民たちは、斉の王族の田単(でんたん)を大将に推します。田単は住民たちと一緒にもっこを担いで城の補修工事をし、妻や娘までも兵士の列に加えます。そして田単は一計を案じます。

城内から牛を1000頭集め、龍を描かせた赤い派手な着物を牛の背にかぶせ、牛の角に刀を括り付け、尻尾には油を染み込ませた藁を結び付けさせます。夜を待ってその尾に火を付けて、城外へ一斉に放ちます。続けて兵士たちも太鼓を鳴らして大声を叫びながら牛を追い立てて、敵陣へ突入しました。後に**「火牛之計(かぎゅうのけい)」**として後世の軍略家たちから称賛されます。

度肝を抜かれた燕の兵は敗走し、勢いに乗った斉は、占領された70の都市を回復し、田単は湣王の息子の襄(じょう)王から安平君(あんぺいくん)に封じられます。

田単はその後、狄(てき)を攻めるように命ぜられますが、3カ月たっても陥すことができません。すると賢人で知られた魯仲連(ろちゅうれん)という者が、即墨の防衛戦の際、田単が「国が亡べば、行く所がない」と決死の覚悟を示したので、皆が奮い立ったと本項フレーズで説きます。

我に返った田単は、翌朝から矢玉が乱れ飛ぶ最前線に出て、自ら太鼓を叩いて兵士を鼓舞して指揮をとると、猛攻に耐えかねて狄は間も無くして降伏しました。どんなに優れたリーダーであっても、初志を忘れて慢心することがあるという戒めです。

まとめ

❶田単はユニークな軍略で戦いに勝利した。

❷部下の発言により田単は決死の覚悟を思い出した。

❸リーダーは初心を忘れて慢心してはならない。

理想の統治とは何か

繭糸を為さんか、以て保障を為さんか。

春秋戦国 趙

漢文 為繭糸乎、以為保障乎。

住民の負担を軽減した趙鞅

晋の六卿（『**周礼**』で定められた周王朝の６名の大臣による行政官に由来）の一人として、趙鞅は、広大な領地を所有していました。その中で最も重要な地が晋陽（山西省太原市）でした。晋陽は、晋水という河の陽に位置した街という意味です。

趙鞅は自分の代わりにその晋陽を治めさせるために、尹鐸という家臣を指名します。その尹鐸は統治の方針について、趙鞅に対して本項フレーズで尋ねます。趙鞅が意図を測りかねて怪訝な顔をしていると尹鐸は、

「蚕の繭は緻密に編み上げられていますので、中身が漏れ出ることはありません。住民の財産を繭のようなもので包み込めば、税金を漏れなく取り尽くすことができます」

と説明します。尹鐸は主人の顔を見上げながら続けます。

「保障の保は堡塁のことです。障とは砦を意味しています。住民を趙家の堡や塁からなる堅固な城壁となるように慈

水も漏らさぬように致しましょうか、城壁となるように致しましょうか。

英訳 Rule an organisation like preventing the silk bag from leaking water or building a strong castle wall.

しむように治めるのと、どちらがお望みでしょうか」

聞き終えた趙鞅は、明快に答えます。

「むろん保障に決まっている！」

かしこまりましたと退出した尹鐸は晋陽に赴き、晋陽の住民の総戸数を徐々に帳簿から減らします。つまり、住民の戸数によって負荷される晋陽全体の税負担を軽減し、お陰で晋陽は経済的に大繁栄します。

晋の六卿の最有力者である智子は、趙子、韓子、魏子の三人の卿と結託して、六卿の残りの二卿の范子と中行子を滅ぼします。その領土は四卿によって、分割されてしまいました。

智子の孫である智伯瑶（他の五卿と同じ子爵より格上の伯爵を僭称）は、巨大な権力を背景に韓と魏に領土の一部割譲を求めます。智伯を恐れた韓子と魏子はこれに応じます。死去した趙鞅の後を継いで間もない息子の趙無恤にも、智伯は同じく割譲を要求しますが、趙無恤は拒絶します。怒った智伯は韓子と魏子を誘って晋陽を包囲します。

晋陽は１年経っても降伏せず、智伯は晋水の川を引き込んで水攻めにします。あわや落城寸前の時、趙無恤は韓子と魏子に密使を送り、趙が亡べば次は韓と魏の番だと離反をそそのかします。二人は寝返り、趙無恤と共に智伯を攻めて生け捕って処刑します。紀元前453年のことです。

まとめ

❶減税政策の結果、晋陽は発展を遂げた。

❷趙鞅の死後、晋は国難を迎えた。

❸趙無恤は危機を乗り越え国を守り抜いた。

人を判断することの難しさ

富貴なれば則ち親戚も之を畏懼し、貧賤なれば則ち之を軽易す。況や衆人をや。

春秋戦国 趙

漢文 富貴則親戚畏懼之、貧賤則軽易之。況衆人乎。

出世すれば親戚でさえも恐れ、落ちぶれれば軽んじる。ましてや他人ならば尚更だろう。

英訳 A relative will become afraid if one succeeds in life or look away if one fails, much more a complete stranger.

「小さくとも頭になれ」

紀元前403年、晋が趙、魏、韓の三国に分裂して始まった中国の「戦国時代」は、秦の統一まで200年間も続き、七つの大国と若干の中小国が興亡を繰り広げます。それらの国々は、現代の欧州連合やアセアン諸国と似たようなもので、同系統に属する言語、人種、文化を持つ一方で、政治的には対立と融和を繰り返す緊張関係にありました。

現代と同じく古代中国においても、巧みな弁舌と奇抜な発想で諸国間の調整役を担う外交アドバイザーやコンサルタントが暗躍しました。最も有名なのが、洛陽の人である蘇秦です。

蘇秦は燕の文侯のもとを訪れて、合従策（がっしょう）を説きます。合従策とは「六国が合従（連係して）して強国秦に当たる」という政策です。まずは手始めに趙と合従するように文侯に進言します。文侯は蘇秦に旅費を与えて趙に赴かせ、蘇秦は趙の粛侯に次のように説きました。

「諸侯の兵は、秦の十倍はいます。これを合わせて秦を攻撃すれば、秦が敗れることは必定。大王にとって、六国が合従して秦を倒す計略を採用されることこそが最良と思われます」

趙の粛侯はこれを聞き入れて、他の諸侯にも説得するよう蘇秦に旅費を与えます。蘇秦は諸侯のもとを訪れると、かならず次の諺を引用

キーワード　合従策

合従は「南北を連合させる」の意味。蘇秦が6つの国を説得して南北における連係を実現し、秦に対抗した政策を指す。その後、「横に連ねる」を意味する「連衡」によって6国は分断されることとなった。

しました。

——寧為鶏口、無為牛後。（寧ろ鶏口と為るも、牛後と為る無かれ）。

鶏の口、つまり鶏の嘴は一番前にあり、牛の後ろとは、つまり牛の尾、あるいは肛門という説もある通り、一番後ろを指します。「大きなものの後につき従うよりは、小さくとも頭になれ」ということですが、相手からこれを言われたならば、誰でも発憤せざるを得ないでしょう。これは相手の心を読んだ上での巧みな諺の引用術です。

こうして、燕、趙、韓、魏、斉、楚の六国による合従がなり、蘇秦は六国の宰相を兼ねます。大行列を従えて実家のある洛陽へ入る際には、周王が自ら道を掃き清めて出迎えました。うだつの上がらない頃、蘇秦を厄介者扱いをした親戚たちは、蘇秦の顔をまともに見ることもできず、昔は夕食も出さなかった兄嫁がビクビクしながら食事の給仕をします。

「私は昔と何も変わっていないつもりなのですが」と前置きして、蘇秦は苦笑しながら本項フレーズを述べました。蘇秦は親戚や友人に大金を分け与えて、故郷を後にしたそうです。

大志を秘める人物が身近にいたとしても、なかなか気が付かないものです。ニートや就職浪人がいても、少なくとも親戚や友人ならば、決して無下に扱ってはいけないということです。

秦は蘇秦が宰相の地位にある間の 15 年間、諸国へ侵攻することが出来ませんでした。しかしながら、蘇秦と同じく斉の鬼谷子に遊説術を学んで秦に仕えた張儀が、秦と同盟して各国を攻める連衡策を引っさげて登場すると、蘇秦の合従策も潰されてしまいました。

まとめ

❶小組織でも合従することで大きな組織に対抗できる。

❷相手の自尊心を刺激すれば提案が受け入れられやすい。

❸大志を秘めた人物を無下に扱ってはならない。

コラム　故事成語４

完璧而帰（璧を完うして帰る）

楚の国に和氏という男がいた。彼は山の中で粗玉を見つけ、厲王に献上した。ところが鑑定士がただの石と言ったため、和氏は足斬りの刑で左足を斬られた。厲王が死に武王が即位した。和氏はふたたび献上したが、やはりただの石と鑑定され、足斬りの刑で右足を斬られた。

やがて武王が死に、文王が即位した。和氏は粗玉を抱き、泣き続け、涙が涸れて血が流れた。これを聞いた文王は、その粗玉を磨かせたところ、素晴らしい宝石だったことがわかった。その名玉は「和氏の璧」と呼ばれた。璧とはドーナツ型の玉のことである。

やがて趙の恵文王はその「和氏の璧」を手に入れた。ところが当時強国の秦はそれを聞くと、秦の十五城と和氏の璧とを交換しようと言ってきた。断れば攻撃を受けるし、璧を渡しても城を割譲するかは疑わしい。重臣会議を開くと、知勇兼備の藺相如が言った。

「自分が使者に立ちます。もし約束の十五城が手に入らなければ、璧を持って帰ります」

趙王は許可した。

さて、藺相如が秦の昭襄王に璧を手渡すと、昭襄王は有頂天になり、割譲の話は出てこない。そこで藺相如は璧にわずかにキズがあると言って取り戻すと、怒って叫んだ。

「もし割譲しないなら、璧をたたき壊す」

昭襄王は取って付けたように十五城を示した。藺相如は嘘と見抜き、昭襄王に５日間、身を清めてから交換をするよう要求。昭襄王が受け入れると、その間に、密かに臣下に璧を持って帰国させた。さて当日、璧はないことを秦王に言って、自分を好きなようにしろと伝えると、さすがに昭襄王はあきらめて藺相如を帰国させた。こうして璧を守り通して（璧を完うして）帰国したことから、完璧という言葉が生まれた。

▲藺相如の廟（河北省邯鄲市）

▲秦趙会盟台（河南省澠池県）

組織内で争うことの愚

両虎共に闘わば、其の勢いは倶には生きず。

春秋戦国 趙

漢文 両虎共闘、其勢不倶生。

二匹の虎が闘えば、共に傷付き合って力を失ってしまう。

英訳 If two strong tigers fight, then both will become wounded and lose their power.

組織にとって最善の行動を取る

趙の恵文王は、強国の秦に使者として派遣した藺相如（りんしょうじょ）の遺体が秦から搬送されたら、直ぐに葬式ができるようにと秦との国境付近で準備をして待つように命じます。

そんな中、**コラム故事成語4**にあるように、藺相如が秦から無事に戻ります。喜んだ趙の恵文王は藺相如を重臣に取り立てます。

紀元前279年、秦の昭襄王は趙に更なる難題を持ちかけます。趙との国境から秦の領土に少し入った澠池（べんち）（河南省澠池県）で、趙の恵文王と会合したいと秦から招待の使者が来たのです。趙の将軍である廉頗（れんぱ）は、尻込みする恵文（けいぶん）王を諌めます。

「出向かなければ趙は侮られ、秦は増長し、諸侯は趙をバカにするでしょう」

そこで藺相如が、澠池での会盟に恵文王に同行することになります。

宴の席で秦の昭襄王は、趙の恵文王が音楽を得意としていると聞いているので、両国の友好のために瑟（しつ）（琴に似た楽器）を弾いて欲しいと低姿勢で頼みます。三度にわたって辞退しますが、断り切れず趙王が弾きます。すると秦の昭襄王は記録官を呼び、大声で命じます。

「秦王、趙王に瑟を弾かせた」

侮辱されたと趙の一行に衝撃が走った時、藺相如は昭襄王に近づい

キーワード **刎頸の友**

相手のためなら頸を刎ねられてもかまわないと思えるほどの親しい友人のこと。生死を共にする親しい交友。「刎頸の交わり」ともいう。

て酒器を差し出します。

「秦の宴席では、酒器を叩いて歌うと聞いております。両国の友好を祝してお叩き願いたい」と必死の形相で迫ります。

当時でも宴席で酒器を叩くのは、下品で野蛮な行為とされていました。昭襄王を一刺しする勢いの藺相如の凄まじい迫力に、昭襄王の護衛も手出しができません。

昭襄王は止む無く酒器を一度だけ叩きます。藺相如は記録官を呼び付けて叫びます。

「趙王、秦王に酒器を叩かせた」

「秦王のお陰で両国の友好関係が増進した宴となった」

と藺相如は続けて謝しました。

無事に趙へ帰国した恵文王は、面目を大いに施したことから、藺相如を趙国における最高位の上卿（じょうけい）に任じます。その出世に大勢の重臣たちが妬みました。中でも誇り高い廉頗は、

「素性の知れぬ身分の低い奴が、舌先三寸でワシより上席に就くなど我慢ならない」

と怒ります。それを聞いた藺相如は、廉頗と同じ場で席に着くことがないように病気と称して、宮廷に参内しなくなります。

ある時、趙の都である邯鄲の大通りで、廉頗の馬車が来るのを見ると、慌てて藺相如は自分の馬車に裏道へ回るように命じて隠れます。さすがに従者たちも呆れて、こんな卑屈な主人には仕えたくないのでお暇を頂戴したいと言い出します。そこで藺相如は説明しました。

「私は趙王の名誉を守るために秦王を怒鳴りつけ、秦の連中を辱めた男だ。歴戦の勇者の廉頗であっても私は恐れない。自分は大した人間ではないが、冷静に考えてみれば、秦が趙を攻めてこないのは、廉頗将軍と私が健在で睨みを利かしているからであろう」

そして廉頗と自分を虎になぞらえて、本項フレーズを述べます。続けて、

——先国家之急、而後私讐也。（国家（こっか）の急（きゅう）を先（さき）にして、私讐（ししゅう）を後（のち）にす）。

廉頗を避けている理由は、「公（パブリック）」のためには、「私（プライベート）」な恨み言など後

にすべきだという信念からだと語ります。従者たちは、主人の深慮と器量に感じ入ります。

この話を伝え聞いた廉頗は、上着を脱いで茨の鞭を持って藺相如の邸宅を訪れます。鞭で思う存分に叩いて、愚かな自分を罰してくれと詫びを入れます。

「廉頗将軍のお陰で、趙が守られているのです」

藺相如は跪いている廉頗に手を差し伸べました。

「貴公のためなら、この首を刎ねられても悔いはありません」と廉頗が改めて詫びます。

「私も将軍のためなら、いつでも喜んで首を刎ねられましょう」と藺相如が応じました。

二人は終生の友となる誓いを結びます。後に「**刎頸之友**（ふんけいのとも）」という故事になりました。現代の中国人の根底にも生き続ける義侠心の鑑となるエピソードです。

現代企業においては営業、技術、製造、経営管理などの各部門、或いは地域別の支社などに配された優れた責任者たちそれぞれが、組織のベクトルを合わせて最高の成果を挙げるべく切磋琢磨している時は、企業にとって最良の状態です。しかしながら、各部門の責任者たちがセクショナリズムに陥り、部門間で相争うようになった時は要注意です。競合会社など虎視眈々と隙を狙っている外部勢力に対して、またとないチャンスを与えることになりかねません。

組織のトップを目指す者たちは、時には藺相如と廉頗の関係に思いを巡らしてみるのも必要ではないでしょうか。

まとめ

❶組織内で優れた者同士対立しても外敵を利するだけ。

❷トップは私的な恨み言を引きずってはいけない。

❸紆余曲折を経て我欲を捨てると友情関係は深まる。

第 2 章

志を高く持て

トップになってからも手堅く組織を守り抜いた者、自分を見失って哀れな末路を迎えた者。歴史はリーダーたちが歩んだ道のりを今に伝えている。後世に生きる者として、私たちはそこから様々な学びを得ることができるだろう。

15 明主は一嚬一笑を愛しむ。

16 先ず隗より始めよ。

17 民は与に始めを慮しむべからず、而して与に成るを
楽しましむべし。

18 四時の序、功を成す者は去る。

19 泰山は土壌を譲らず、故に大なり。
河海は細流を択ばず、故に深し

20 王侯将相、寧んぞ種あらんや。

21 書は以て姓名を記するに足るのみ、
剣は一人の敵なり、学ぶに足らず。

22 之を死地に陥れて而る後に生き、
之を亡地に置いて而る後に存す。

23 一尺の布も尚お縫うべし。一斗の粟も尚お舂くべし。
兄弟二人、相容るる能わず。

24 事は強勉に在るのみ。

25 乱民を治むるは、乱縄を治むるが如し。
急にする可からず。

リーダーに求められる自制心

明主は一嚬一笑を愛しむ。

春秋戦国 韓

漢文 明主愛一嚬一笑。

先の議案についてだが…
昭侯
我が君のお顔が陰られた！
ツ
あの案はやはりやめにしましょう！
あれはダメだ！
そうだそうだ
…
まったくけしからん案ですなあ
余が少しでも顔をしかめれば家臣たちの中に迎合して顔をしかめる者がでる
ニコ
さあ、ではこちらの議案なのだが
今度は我が君が微笑んでおられる！
ちょっと笑みを浮かべれば
これに迎合して笑みを浮かべて媚びる者がいる
…
それはまことに素晴らしい案です
さて続いては…
わからない！
リーダーたる者は感情を安易に表すべきではないのである

優れたトップは、ちょっと顔をしかめたり、ちょっと笑ったりするようなことを軽々しく行わないものだ。

英訳 An effective leader neither frowns at small things nor laughs at them.

トップは常に泰然自若であれ

晋を分割した趙、魏、韓は、合わせて「三晋」と呼ばれます。オランダ、ベルギー、ルクセンブルクからなるベネルクス三国のようですが、一番小さいルクセンブルクに相当するのが、韓です。戦国七雄の中で最も小さく、一番初めに隣接する秦に併合されてしまいます。

晋の穆公の孫である姫万は甥の武公を良く補佐し、その功績により韓（陝西省韓城市）の地を与えられます。始祖の韓武子です。その玄孫が韓厥で、更にその後裔である韓康子が趙と魏と合力して智伯を倒します。そしてその息子が周の威烈王により諸侯に列せられ、景侯となります。景侯から数代を経て、昭侯が立ちました。

紀元前355年、国内外に広く人財を求める昭侯のもとに、鄭の出身で身分は低いものの、逸材として申不害なる者が推挙されて来ました。昭侯が国の統治について尋ねると、申不害は法を整備して、「**信賞必罰**」であれば国は容易に治まるという持説を述べます。昭侯は直ちに申不害を韓の宰相に登用します。

宰相として申不害は見事に手腕を発揮して、韓の富国強兵に成功し、申不害が亡くなる紀元前337年まで、隣国の秦も魏も韓に攻めて来ることがなかった程でした。

申不害の思想は法家です。申不害には『申子』という著書があった

キーワード　韓非子

中国、戦国時代末期の韓の思想家、またはその思想書。法家思想に学び、厳しい法律や刑罰に基づき信賞必罰の政治を主張した。その思想は秦の始皇帝に影響を与えたことで知られている。

そうですが、ほとんど残っていません。しかしながら、その思想は『韓非子』に受け継がれています。韓の王族である韓非が唱えた「**刑名参同**（けいめいさんどう）」は、申不害が考案して韓の宰相として日々実践していた手法でした。申不害なしに『韓非子』は生まれることはなかったはずです。

昭侯はお気に入りの袴を大切に持っていました。既に使い古されているにもかかわらず、側近く仕える者に下げ渡すこともないので、ケチなトップだと誰もが思っていました。ある時、

「余が少しでも顔をしかめれば、家臣たちの中に迎合して顔をしかめる者がでる。ちょっと笑みを浮かべれば、これに迎合して笑みを浮かべて媚びる者がいる。あの袴は長く愛用していたもので、功績の無い者に与えれば、寵愛されていると勘違いをするであろう。その影響は大きい。顔をしかめたり、笑ったりすることの影響の比ではない。大きな手柄を本当に挙げた者に下賜したいと思って、長らくとっておいてあるのだ」

という昭侯の言葉に側近の者たちは納得します。昭侯は申不害にとって理想の主人でもあり、弟子でもあったようです。

「トップは泰然自若として、組織のメンバーに自分の考えを知られて迎合されないように」

という申不害の教えを昭侯はしっかりと実践していました。リーダーたる者は感情を安易に表してはいけません。最近の日本のリーダーは、人前で感情を表に出す人が多くなりました。

まとめ

❶逸材にマネジメントを全て委ねて、富国強兵に成功した。

❷昭侯は常に泰然自若の態度を守っていた。

❸リーダーは人前で安易に感情を出してはいけない。

コラム　故事成語５

吮疽之仁（吮疽の仁）

呉起は衛の人。兵法書『呉子』の著者と伝えられているが、彼ははじめ魯に仕え、将軍に任じられた。

斉との戦いで大勝するが、妻が斉の人間であったことから、戦いの前に妻を殺して身の証をたてていた。そのことから不評を買い、魯から魏に逃れ、魏の文侯に将軍として召し抱えられた。

呉起は、秦と戦い、秦の五城を陥落させた。彼は、常に兵士と同じ服を着、同じものを食べた。またあるときは、兵士ができもので苦しんでいると、自分の口でその膿を吸い出してやった。ところが、膿を吸い出してもらった兵士の母親は、これを聞くと泣き崩れた。ある男が言った。

「おまえの息子は一介の兵士なのに、将軍みずから膿を吸い出してくれた。それなのに、なぜ泣くんだ」

すると、母親はこう答えた。

「以前、呉起さまは、あの子の父親の膿を吸い出してくれました。出陣した夫は、呉起さまの恩義に報いようとして、とうとう討ち死にしてしまいました。今度は息子の膿を吸い出してくれました。きっとあの子もどこかで死ぬでしょう。それで泣いているのです」

▼呉起

吮とは吸うことで、疽とはできもの。指揮官が自分の部下を手厚くいたわることをこのエピソードから「吮疽の仁」と言う。

人を動かすことは難しい。ただ命令や、罰で動かしても反発を買うだけだ。このエピソードは、人を動かすことにある示唆を与えている。

第2章　志を高く持て

小さなことから実行する

16 先ず隗より始めよ。

春秋戦国 燕

漢文 先従隗始。

まずは隗よりお始め下さい。

英訳 Always start with the small things.

大事を成すために必要な思考

戦国七雄の一つである燕は、現在の北京を中心に河北省の北部を支配していました。都の薊城の遺跡が、北京市の西南部に位置する房山区に残されています。

燕は、周の建国の功臣である召公奭の息子が封じられた国と伝わっています。紀元前４世紀から３世紀の間に成立したという中国最古の地理書とされる『山海経』の中に、

――**蓋国在鉅燕南倭北。倭属燕。（蓋国は鉅燕の南、倭の北に在り。倭は燕に属す）。**

という日本に関する中国最古の記述があります。燕と倭は些か縁があったようです。

燕の三六代目文公の時、蘇秦の献策を入れて、他の六国と同盟して秦に対して合従します。皮肉にも、文公の後を継いだ息子である易王の妃は、秦の恵文王の娘でした。

易王の後を息子の王噲が継ぎます。王噲は父と同じく政治に興味がなく、宰相の子之を重用して、政務を全て丸投げします。紀元前316年、王噲は堯舜に倣うとして、子之に燕王の位も遂に譲ってしまいます。さすがに燕の人々も怒って、国中で反乱が起きます。その隙を突いて斉の宣王が侵攻して来ました。王噲は殺され、子之も捕らえられ

キーワード　**隗より始めよ**

遠大な事業を行うには、まず身近なところから始めよということ。転じて「物事は、最初に言い出した者が着手すべきである」の意味でも使われる。同様の表現に「死馬の骨を買う」がある。

て塩漬けにされてしまいます。斉は燕が属国になることを条件に、王噲の息子の公子職（しょく）が燕王に即位することを認めます。後の昭王です。

斉への復讐を誓った昭王は、自ら腰を低くして人財登用を行って富国強兵を目指します。

「燕は未だ小国でとても斉に復讐は出来ない。願わくば天下から人財を集めて父祖の恥辱を雪（そそ）ぎたい。国師となるような人物を推薦してもらえないだろうか」

と家臣の郭隗（かくかい）に相談します。すると郭隗は、

「昔ある国の君主が家来に大金を持たせて、一日千里を走る駿馬を買いにやらせました。その家来は死んだ馬の骨を五百金も出して買って帰って来ました。君主は激怒します。すると王の側近が、『死んだ馬の骨でさえ五百金も出すなら、人々は生きた馬には一体いくら出すのであろうか。今に千里を走る馬も来るはずです』と答えたところ、本当に１年もしないうちに千里を走る馬が三頭も集まったという話があります」

と解説します。続けて本項フレーズで献策しました。自分のような無名の者が重用されれば、賢人が千里の道を遠いと思わず燕にやって来るに違いないという訳です。

昭王は郭隗のために屋敷を新築し、師として敬います。するとその噂が天下に広まり、賢人たちが陸続として燕に集まり、昭王に仕官を申し出る者が久しく絶えなかった程です。

大事を成すには小さなことから、簡単なことからまずは手を付けることが肝心だというエピソードですが、些細で容易な事柄に限って意外にもなかなか実行することができないものです。

まとめ

❶昭王は人財登用によって富国強兵を目指した。

❷郭隗は無名の人物から採用することを進言した。

❸大事を成すには簡単なことから手を付けるべきである。

コラム　人物5

荘子（紀元前369？～紀元前286？）

姓は荘、名は周で、字を子休（一説には子沫）といった。宋国の蒙の人。老子の後を継いで、戦国時代における道学派の代表的な思想家。二人の姓をとって老荘思想ともいう。

確かな資料もないが、宋国の漆園の管理人をしていたという。

楚の威王が荘子の評判を聞いて、楚の宰相として迎えようとしたが、荘子は笑いながら使者に断る。

「黄金千両を頂き、しかも大国の宰相とは非常に高い地位だ。だが、お主は祭りの犠牲の牛を見たことがあろう。数年のあいだ、大事に育てられるが、いざ、きれいに飾られて大廟に引き入れられるその時になって子豚になりたい、と言ってももう遅い。さあ、さっさと立ち去ってくれ。わしを汚さないでくれ。わしは、むしろ汚れた溝の中で、のんびりと暮らしたいのだ。宰相などに縛られたくない。一生、仕官などせず、自由気ままに過ごしたいのさ」

荘子の著書である『荘子』は、多くの寓話で構成され、逆接的なレトリックが満ち、生き方を考えさせる。

たとえば「無用の用」として、こんな話がある。

「南伯子綦が商丘を旅したとき、大きな木を見かけた。馬車千台がその木陰で休めるといった異様な大きさである。

『これは何の木だ。きっといい木材がとれるだろうな』

だが、ふり仰いでよく見れば、枝は曲がりくねり、棟木にも梁にも使えそうもない。根もとを見ると、からまりあって棺桶を作れない。葉をかんでみると、たちまち口が爛れて傷となった。においを嗅ぐと、3日ほど気分が悪くなった。子綦は悟った。

『何の役にもたたないから、これだけ大きくなったのだ。神人というのはこの木のように、材料にはならないのだ』」

リーダーは孤独に決断する

民は与に始めを慮しむべからず、而して与に成るを楽しましむべし。

春秋戦国 秦

漢文 民不可与慮始、而可与楽成。

ふうむ…
秦の法を改めるべきだが…
孝公
人々が自分に反感を抱くのではないか…
公孫鞅よ 秦の法を改めようと思うのだが…
公孫鞅
畏れながら大公 トップが一度決断したことを実行しようとする時
組織のメンバーや利害関係者の声をいちいち気になさる必要はありません
…
…そうだな
強い言葉に推された孝公は従来の国法を大きく変えた
組織の大改革は強いリーダーシップの発揮によって成されるのだ

組織のメンバーとは、一緒に物事を始める際に相談は出来ませんが、一緒に成功を分かち合って楽しむことは出来ます。

英訳 One cannot share worries with people in the beginning but can share the success with them in the end.

力強いリーダーシップで組織を率いる

紀元前771年に周の幽王が異民族に殺害された時、秦の初代となる襄公は、幽王の息子である平王を救う大功を立てたことから、岐山以西の土地を与えられて諸侯に列せられます。子孫たちは地道に国力を蓄え、第九代の穆公の時には「春秋五覇」の一人に数えられます。

穆公は他国の人財を積極的に登用して富国強兵に努め、後に秦が天下統一する方向付けをしました。しかしながら紀元前621年に穆公が亡くなると、177名の重臣たちが殉死させられてしまいます。主要な人財を失った秦は、国力を一気に低下させてしまいました。

それ以来、黄河と華山以東に六つの大国、淮水と泗水の間に十数の小国と比べて西方の僻地に位置する秦は、野蛮国として見下されるようになり、諸侯の「会盟」にも呼ばれることもなくなりました。第25代の孝公は、仁政を行って貧者を救済し、有為の士を優遇し始めます。

――他国の者でも、奇抜な策で秦を強国にする案があれば、高い官爵と大きな領地を与える。

と触れを出すと、早速に孝公の重臣である景監が、衛の公族である公孫鞅を推挙しました。

謁見を許された公孫鞅は「帝たる者の道」について熱心に説きますが、孝公は退屈して眠りこけます。5日後に改めて引見すると、再び

キーワード　公孫鞅

秦の政治家、法家の思想家。孝公の信を得て2回にわたる政治改革を行い、貴族の特権を排し、君主による中央集権の政治体制を築いた。孝公の死後、貴族の恨みを買い車裂きの刑を科された。

公孫鞅が熱弁を振るいますが、これまた孝公は全く興味を示しませんでした。それを見て案じた景監が、公孫鞅に大丈夫かと問い質します。

「本日は『王たる者の道』について説きました。ご不興ならば、今一度お取次ぎ下さい」

すると今度は孝公も少し理解を示し、そこで四度目の謁見がなされました。公孫鞅の話に興奮した孝公は、数日に亘って公孫鞅を質問攻めにする程、熱心に教えを乞います。一体どうしたことかと景監が尋ねると、公孫鞅は次のように答えました。

「『帝たる者の道』『王たる者の道』を説きましたが、公は悠長な話など聞いていられないという態度でした。次に『覇者たる者の道』について話しましたところ、些か興味を持たれたので、『富国強兵の道』について説明しましたところ、公は喜んで耳を傾けられました」

公孫鞅の話に感銘を受けた孝公は、秦の法を改めようと思い立ちますが、人々が自分に反感を抱くのではないかと不安になります。そこで公孫鞅は本項フレーズで、組織のリーダーもメンバーも共に成功を分かち合うことができる理由について述べてから、

「トップが一度決断したことを実行しようとする時、組織のメンバーや利害関係者(ステークホルダー)の声をいちいち気になさる必要はありません」

と断言します。この強い言葉に推された孝公は、祖先が定めた従来の国法を大きく変えます。組織の大改革は、強いリーダーシップの発揮によってこそ、成されるというエピソードです。

まとめ

❶公孫鞅は孝公に対して『富国強兵の道』を説いた。

❷孝公は新しい体制と法を改めることを決断した。

❸組織の改革は強いリーダーシップによって達成できる。

コラム　人物6

孟嘗君（？～紀元前279）

　戦国四君の一人。氏は田、名は文、孟嘗君と号した。斉の威王の孫で、靖郭君田嬰の子。田嬰は田忌、孫臏と共に「馬陵の戦い」で魏の龐涓を破って功績をあげ、宰相にもなっている。

　孟嘗君田文は、父の跡を継いで、薛の領主となり、食客数千人をかかえ、その名声は諸侯のあいだで広がった。秦の昭襄王は、その名声を聞いて、人質を送って、孟嘗君に会いたいと申し入れてきた。孟嘗君が秦に入ると、これに反対する者が、進言した。

「孟嘗君は斉の人間。秦の宰相になっても斉を優先します。かといって、このまま帰せばわが国の情報が漏れます」

　昭襄王は孟嘗君を捕らえ、機を見て殺そうとした。危険を感じた孟嘗君は、王の愛妾に、釈放を頼んだ。すると愛妾は、

「あなたは狐の脇毛で作ったコートを持っているとのこと。それをいただければ……」

と言う。だが、そのコートは孟嘗君が秦に来た時に昭襄王に献上してしまったものだった。すると、一緒に連れてきた食客の中にコソ泥の名人がいて、この時とばかり、秦の倉に忍び込んで、コートを盗んできた。孟嘗君がこれを愛妾に献上したところ、まもなく釈放された。

　孟嘗君は急いで逃れ、真夜中に函谷関にやって来た。ところが、当時の規則で、鶏がときを告げるまで門を開けないことになっていた。すると、食客の中から鶏の鳴き声の名人が現れた。この男が鶏のときの声をまねると、あたり一帯の鶏がいっせいにときの声をあげた。こうして関所の門を開けることに成功し、逃れることができた。いわゆる「鶏鳴狗盗」の故事である。

　さて湣王のもとで宰相になったが、のちに対立して魏に逃れた。湣王の死後、薛で独立勢力として、諸侯のあいだで中立的地位を保った。

▲函谷関（河南省三門峡市）

▲孟嘗君の廟（山東省滕州市）

四時の序、功を成す者は去る。　春秋戦国 秦

漢文 四時之序、成功者去。

秦に大成果をもたらした范雎に反感が高まるようになった
近頃どうも范雎様が…
ああ本当に…
……
……
近頃自分に反感を持つものが増えている…
范雎
蔡沢よどう思う
…
蔡沢
四季の移り変わりがあるように
仕事を成し遂げた者は去っていくものです
それを聞いた范雎は引退し蔡沢を昭襄王に推挙した
代わって宰相に任ぜられた蔡沢も数カ月もすると
自分のことを王に讒言する者がいることを知り
…
惜しげもなく宰相の印を昭襄王に返上してしまった

四季の移り変わりがあるように、仕事を成し遂げた者は去っていくものです。

英訳 As with the order of the four seasons, an effective leader should follow the order of things.

組織を常に活性化させる法

秦の恵文王の後に武王が立ち、その次に弟の昭襄王が即位します。その頃、隣国の魏に范雎という低い身分に生まれながらも才能のある者が、魏の大夫の須賈に仕えます。

須賈の命で斉に使者として派遣された范雎は、斉の襄王に気に入られ、数カ月も歓待されます。やがて帰国したところ、魏の秘密を洩らしたのだろうと邪推した須賈に捕らえられます。范雎はあばら骨や歯が折れるまで拷問され、挙句の果てに厠に捨て置かれます。さすがに気の毒だと厠番が逃がします。范雎は友人の鄭安平に匿われて張禄と名を改め、鄭安平の手配で秦の王稽の許へ逃がれます。王稽から推挙を受けて秦の「客卿」となった范雎は、

——遠交近攻。(遠い国とは交わり、近い国を攻める ➡ 趙楚斉と交わり、魏韓を攻める)。

という妙案を昭襄王に献策します。更に王を蔑ろにして権勢を我が物にしている宰相の魏冉（王の母方の叔父）などの有力者を秦から追放することを提案します。それを採用した昭襄王は范雎を宰相に任じ、全権を委任します。こうして秦は、韓、魏、趙、周を次々に滅ぼしていきます。

范雎は大成果を秦にもたらしましたが、范雎の推薦人である王稽が

キーワード　遠交近攻

遠方の国と親交を結んでおき、近くの国を攻略する外交政策。秦はこの策によって他の６国を滅ぼした。イギリスが 1902 年に締結した日英同盟もロシアを警戒した遠交近攻である。

反逆罪で処刑され、秦の将軍に任じていた友人の鄭安平も趙に攻撃を受けて降伏し、范雎は政治的に窮地に陥ります。しかしながら、それでも昭襄王の信頼は些かも揺るがず、連座の罪を免れます。

一度信頼した者を徹底的に信ずるというトップの原則を徹底的に厳守した昭襄王の度量の大きさは、まさに驚くべく程です。しかし、范雎は冷酷なリーダーでしたので反感が高まります。そこに遠い燕から秦に流れて来た蔡沢という者が、范雎に本項フレーズで諭しました。

「国家に尽くした者も最後に殺されてしまう。誰も潔く引退した范蠡を見習う者はいない」

と更に説きます。伍子胥、呉起、商鞅の最期を知る范雎は引退し、蔡沢を昭襄王に推挙します。代わって宰相に任ぜられた蔡沢も、数カ月もすると自分のことを王に讒言する者がいることを知り、惜しげもなく宰相の印を昭襄王に返上してしまいます。

秦の成功の秘密は、孝公以来の100年に亘って守られた**「出身出自を問わない人財登用」**にありました。まるで四季の移り変わりのようにに優れたリーダーを次々と据えて大胆に仕事をさせた秦は、国家としての新陳代謝を極めて健全に繰り返すことによって、組織を常に若々しく強く保ち、成長し続けることに成功しました。

余所者に対する秦の譜代の重臣たちからの妬みや妨害は、常に酷いものがありましたが、歴代秦王たちの「使える者は使う」という姿勢がほぼ一貫していたことは特筆に値します。

自分の役目を成し遂げたリーダーたちが、春夏秋冬のようにきれいサッパリと退場していくような組織は、永遠に理想の形ではないでしょうか。現代においても范雎は稀です。

まとめ

❶范雎は昭襄王に「遠交近攻」を献策した。

❷トップは一度信頼した者を徹底的に信じるのが原則である。

❸秦は優れたリーダーがリレーのように交代することで繁栄した。

コラム　人物7

呂不韋（？～紀元前235）

陽翟の大商人である呂不韋は、諸国を行き来し、品物が安いときに仕入れておき、時機を見て高く売り捌き、巨万の富を築いた。呂不韋が商用で趙の都である邯鄲に出向いたとき、たまたま人質として来ていた秦の公子である子楚がひどい暮らしをしていると聞き、同情した。

「秦の公子か、奇貨、居くべしだ」（掘り出し物だ、買っておこう）と言って子楚に会いに行った。そして、「あなたを売り出してみせましょう」と言った。

子楚の父である安国君が皇太子になったが、安国君は華陽夫人を寵愛しており、夫人には子がいなかった。太子の跡継ぎを決められるのは華陽夫人になる、呂不韋はこう考えて、子楚に財政を援助し、また多大なカネを使って、皇太子の安国君の愛妃である華陽夫人に取り入り、子楚を売り込んだ。

「女は、色香があせれば殿方の愛も衰えます。今、あなたは太子のお情けを一身に受けていますが、残念ながらお子さんがおりません。今のうちに聡明で孝行に熱心な子を太子の世継ぎにし、その子をあなたの養子になさるべきです。かりに太子に万一のことがあっても、養子が王位に即くわけですから、あなたも勢力を失わずにすみます」

女性の弱味につけ込んで、子楚を売り込んだ。華陽夫人は、時機を見計らって太子に売り込み、子楚を世継ぎにした。

やがて安国君が王に即位した。これが孝文王である。華陽夫人の口利きで皇太子に子楚がなり、3年後、孝文王が亡くなり、子楚が王位に即いた。これが荘襄王である。

ところで、子楚は呂不韋の愛妾に惚れていた。彼女はとりわけ美しく、踊りが上手で、彼女との間に政が生まれた。実は、子楚が呂不韋から愛妾をもらい受けた時、彼女はお腹に呂不韋の子をすでに宿していた。つまり、政の父親は呂不韋だった。やがて荘襄王が亡くなり、政が秦王に即位した。秦王政（のちの始皇帝）は呂不韋を相国とし、仲父と呼んだ。呂不韋は洛陽に10万戸の領地を授けられ、3000人の食客を集め、権勢を誇った。また、『呂氏春秋』を編み、「一字でも変更できる者には千金を与える」（「一字千金」）と豪語した。

しかし、やがて呂不韋と母との関係を知った秦王政によって、呂不韋は免職され、封地に蟄居させられた。さらに秦王政から問責の書がくだされ、ついに毒を仰いで自殺した。

多様性を活かすための知恵

泰山は土壌を譲らず、故に大なり。河海は細流を択ばず、故に深し。

秦始皇

漢文 泰山不譲土壌、故大。河海不択細流、故深。

どうしました
秦の王公貴族が
集まって
秦王
大王
大王
大王
余所者は直ちに
追放して下さい
あの者は優秀ですが
秦の出身ではないので
追放したいと思います
お待ち
ください
私は楚の出身の
李斯と申しますが
李斯
秦は客卿を信じて
任用することで
ま、まぁ
確かに…
そう
言われると
そうかな…
他国を凌ぐ国力を
強大にしたでは
ありませんか
追放令は
解除ですね
…
ニコ
外国人である客人の地位と名誉を
回復して再び招き入れ
秦を更に強国にするよう努めた

泰山は少しの土くれも捨てないから大きく、黄河や海は細い流れも受け入れるから深い。

英訳 A mountain is big because it welcomes insignificant soil, and a river is deep because it embraces small streams.

多様な人財の視点を活用せよ

周の初めには、天下の九つの州、1773の国に諸侯が置かれ、春秋時代に12カ国、戦国時代に7カ国となり、最終的には秦が全てを併呑し、中華の大帝国の基礎を築き上げます。

紀元前221年に「春秋戦国時代」に終止符を打った秦の始皇帝の偉業は、実のところ本人一人の力のみならず、先祖や先人たちの積み重ねた成果の結晶でした。

秦は第9代の穆公の治世から富国強兵政策を採用し、先進の諸国から人財を積極的に招き入れ、その知識人たちを「客卿（かっけい）」、即ち国家の賓客として敬いました。

穆公が隣国である晋の献公の娘を妃として娶った際、召使いとしてついて来たのが百里奚（ひゃくりけい）（百里が姓）でした。楚の生まれで諸国を放浪して晋に流れ着き、高官の下僕として雇われていましたが、身分は低くても優れていると評判の人物でした。

秦に移ってからも評判は高まりますが、政治などに巻き込まれて面倒なことになると考えた百里奚は、秦から逃亡してしまいます。やがて楚で奴隷となっていたところ、秦の使者によって発見され、穆公によって羊の皮5枚で買い戻されてしまいました。穆公は三日三晩語り合い、百里奚を宰相に任じて全権を委ねます。その時、百里奚は既に

キーワード　李斯

秦の統一に貢献した法家の政治家。荀子のもとで学び、秦王政に仕えることとなり、後に丞相となった。郡県制の導入、度量衡の統一などを献策。最期は宦官の讒言によって処刑された。

70 歳を越えていました。百里奚は清廉潔白で陣頭指揮で善政を行ったことから、民衆の支持を得て、秦の国力が増します。

第 25 代の孝公の時に、衛の出身である商鞅が宰相となり、**「信賞必罰」**によって国を律して秦は強大となり、他国から一目置かれるようになります。

孝公の息子である恵文王は魏の生まれの縦横家（じゅうおうか）である張儀（ちょうぎ）を重用します。更にその息子である昭襄王も同じく魏の出身の范雎の策を採用して、秦を強国に導きました。

秦の優れたトップたちは、全権を任せるに足る人物と判断したら、徹底的に信任してその智謀を使い切り、組織を最大化することに成功しています。

紀元前 237 年、昭襄王の曽孫である秦王政に対して、秦の王族や貴族たちが、

「余所者（よそもの）は自分の国のために働いている裏切り者のはずなので、直ちに追放して下さい」

と声高に叫び、他国出身の有能な人財を追放し始めます。楚の出身である李斯（りし）が本項フレーズで、秦は「客卿」を信じて任用することで他国を凌ぐ国力を強大にしたと説きます。

李斯の諫言を受けて秦王は追放令を解除します。外国人である客人の地位と名誉を回復して再び招き入れ、秦を更に強国にするよう努めました。このエピソードは、身内だけで固めているような組織は守りに入って縮小均衡になりがちですが、外部から違う価値観や思考法を持つ者の知恵を借りることを是とする組織は、常に活力を漲（みなぎ）らせて発展することができるということを教えてくれるものです。

まとめ

❶秦は諸国の知識人たちを社外アドバイザーとして招いた。

❷李斯は外国人の追放令解除を諫言した。

❸外部から価値観を取り入れることで組織は活性化する。

コラム **故事成語6**

焚書坑儒（書を焚やし儒を坑うめにす）

始皇帝34（前213）年、博士の淳于越が、当時の郡県制を反対し、かつての制度を復活するように諫言した。すると丞相の李斯は、

「学者どもは、新しい法令が発令されるたび、あれこれ批判を加えます。彼らは、徒党を組んで、誹謗中傷に専念する輩でございます。

このさい、史官の記録のたぐいは、秦国以外のものは、すべて焼き捨てるべきです。さらに、『詩経』『書経』、諸子百家の著作を私蔵することを許してはなりません。ただし、書物といっても、医薬、占い、農業に関するものは、残して差しつかえないでしょう」

始皇帝はこの上書を裁可して、「焚書」が行われた。

翌年、学者の侯生と盧生は、「皇帝が悪いから仙薬が見つからない」と言い残して、いずこへともなく逃亡した。二人は、始皇帝に不老不死の薬を見つける、と約束していたのである。始皇帝は激怒した。

「彼らには、敬意を払い、最高の待遇を与えたのに、なんと逆にわしを誹謗している。やつらの仲間の学者どもが何を考えているのか、都の学者を取り調べなければなるまい」

こう言って、始皇帝は検察官に命じて、都の学者の査問をはじめた。学者たちは互いに罪をなすりあい、言い逃ればかりする。

始皇帝は、464人を有罪と認め、全員を穴埋めにした。

これが「坑儒」である。前年の「焚書」と合わせて、「焚書坑儒」と呼び、始皇帝の暴政のひとつに数えられている。

ヒトラーも「焚書」を行い、思想の統一を計った。どうやら独裁者は同じ道を歩むようだ。

▲秦坑儒谷（陝西省臨潼市）

▲焚書台跡（陝西省渭南市）

人を動かすリーダーの言葉

王侯将相、寧んぞ種あらんや。

陳勝

漢文 王侯将相、寧有種乎。

中国史上初の農民反乱

中華帝国の最初の皇帝である始皇帝の治世は15年しか続きませんでした。紀元前210年に49歳で始皇帝が崩御します。20歳の皇子胡亥が二世皇帝として即位します。始皇帝による万里の長城、阿房宮、陵墓などの大土木工事に大勢の人々が強制的に集められ、人々が疲弊していたことから、各地で反乱が勃発します。

現在の河南省の日雇い百姓だった陳勝と呉広は、徴発されて北へ向かう途中に大沢郷（安徽省宿州市内）で大雨で足止めをくらい、期限通りに工事現場へ到着することができなくなりました。秦は過酷な法治国家でしたので、間に合わなければ処刑され、脱走しても捕まったら処刑されてしまうことから、陳勝は同じ立場の農夫たちに本項フレーズで決起を促します。

紀元前209年、中国史上初の農民反乱である陳勝・呉広の乱が起きます。

陳勝の心からの叫びは、血統ではなく時機を得れば、誰でも高い地位につくことが出来るという実力主義、拡大解釈す

王、諸侯、将軍、宰相であっても特別な種類の人間などではない。

英訳 One's birth does not determine one's future, be a minister, a general, a lord or a king.

れば平等主義を謳った中国史上最初の革命スローガンとなりました。

長い戦国時代が続いた後に統一がなされた秦において、未だ下克上の気風が社会全体に残っていたからこそ、陳勝が叫んだ本項フレーズに多くの人々が立ち上がります。

楚の都であった陳城を目指す間に、秦の圧政に苦しんでいた人々が陸続と加わって、反乱軍は数十万にも膨らみましたが、統制の執れた秦軍の前に敗れて、呉広は戦死、陳勝は乱軍の中で殺害されます。

陳勝・呉広の反乱は６カ月ばかりで鎮圧されましたが、これをきっかけに各地で反乱が起き、その中には秦を滅ぼすことになる項羽(こうう)や劉邦(りゅうほう)もいました。失敗に終わったとはいえ、中国史上初の農民反乱にして革命の先駆けということで、毛沢東が陳勝と呉広を大いに称賛したことから、この二人は現代中国でも高い評価を得ています。

陳勝は若い頃から気概溢れる男で、自分の雇い主の前で大きな口を叩いて笑われた時、

——**燕雀安知鴻鵠之志哉。（燕雀(えんじゃく)安(いず)くんぞ鴻鵠(こうこく)の志(こころざし)を知(し)らんや）。**

「燕や雀の如き小鳥に空高く舞う大きな鳥の気持ちなど分かるはずがあろうか」

と陳勝は言って、バカにされても全く意に介さなかったという逸話があります。

まとめ

❶陳勝と呉広が秦への反乱を決起した。

❷反乱は失敗に終わったが、現代中国でも評価されている。

❸陳勝は若い頃に周囲にバカにされても大志を抱き続けた。

志を持つことの大切さ

書は以て姓名を記するに足るのみ、剣は一人の敵なり、学ぶに足らず。

項羽

漢文 書足以記姓名而已、剣一人敵、不足学。

違う違う何度教えたらおぼえるんじゃ
ボー…
項梁 ※項羽の叔父
項羽
そんなに勉学が嫌いならば剣術でもして参れ！
ドスドス
ちゃんとやっておるかな…
あああ！
一体お前はなぜそんなに不真面目なのだ?!
叔父上
文字は自分の氏名を書けるだけで十分で
剣術はたった一人の敵を相手にするものでしかない
どちらも学ぶ価値はありません
ハッ
ではお前は一体何を学びたいのだ
コホン
私は何万人もの敵に打ち勝つ
兵法を学びたいのです
ジャーン
兵法
コレコレ!!
項梁は喜んで甥に兵法を伝授した

文字は自分の氏名を書けるだけで十分であり、剣術はたった一人の敵を相手にするものでしかない。どちらも学ぶ価値はない。

英訳 Letters are only sufficient for writing one's name, while a fence is only adequate for coping with an enemy. Thus, both are unworthy of learning.

ついに秦を滅亡に至らしめる

紀元前225年、秦の将軍である李信が率いる20万の大軍が楚に侵攻して来た時、楚の大将軍の項燕はこれを迎え撃って秦軍を大敗させます。翌年、秦は王翦将軍に60万を率いさせ、楚を攻めます。今度は奇襲を受けた項燕が大敗をし、楚王も捕虜になってしまいます。

項燕は公子の昌平君を新たに楚王に立てますが、紀元前223年、王翦は楚を完膚無きまでに打ちのめします。昌平君と項燕は戦死し、遂に楚が滅びました。

この項燕の孫が項羽です。父母を早くに亡くした項羽は、叔父の項梁に育てられました。少年の頃の項羽は文字を習っても覚えが悪く、剣術にも不真面目で、チンタラしている姿に項梁が激怒したところ、本項フレーズで反論します。そして、

――学万人敵。(万人の敵を学ばん)。

「何万人もの敵に打ち勝つ兵法を学びたい」

と述べると、項梁は喜んで甥に兵法を伝授します。

陳勝・呉広の乱に呼応しようとした会稽郡守の殷通は、挙兵に際して名高い項梁を大将として招きますが、項梁は項羽に命じて殷通を殺害して自らが郡守となります。

楚王の末裔を王位に据えて楚を復活させて勢いを得ますが、項梁は

キーワード　鴻門の会

項羽と劉邦が前206年、鴻門で会した出来事。項羽の臣下である范増が剣舞にまぎれて劉邦殺害を狙うも、劉邦は腹心である樊噲の助けを得て、脱出に成功した。

秦との戦争で戦死してしまいました。そこで項羽が後を継ぎます。

楚王の命を受けた形で、項羽は同じく楚の出身の劉邦と競い合って秦の本拠地である関中（函谷関の西側の地域、現在の陝西省）を目指しますが、劉邦に一番乗りの功を奪われます。「鴻門の会」を経て、劉邦に譲歩させて都の咸陽に入った項羽は、秦王子嬰と一族を殺害し、咸陽宮を焼き払い、始皇帝の陵墓も暴いて秦を滅亡させます。紀元前207年のことです。

都を彭城（江蘇省徐州市）に定めて「西楚覇王」を自称し、親しい仲間や親戚を諸侯に封じます。ライバルの劉邦を漢中王として、中原から奥地へ左遷して冷遇します。項羽は楚へ凱旋帰国して故郷に錦を飾りますが、やがて劉邦も項羽と激突することになります。

項羽は戦術に巧みでしたが、若く血気盛んであったことから激高し易く独善的で、強過ぎるリーダーシップを発揮してしまったために、諸侯や将軍が離れてしまいました。

「彭城の戦い」「滎陽の戦い」で劉邦を大敗させましたが、劉邦の将軍である韓信からの反撃に遭って追い詰められます。一度は和睦が結ばれましたが、紀元前202年、「垓下の戦い」で劉邦・韓信連合軍に項羽は大敗します。恥辱にまみれることを潔しとせず、項羽は長江のほとりで自らの首を刎ねます。享年31歳でした。

リーダーたる者は負けた時の潔い出処進退にこそ、その人間性の高さが如実に現れます。

まとめ

❶楚の項羽は秦を滅亡させる復讐を果たした。

❷項羽と劉邦が天下を争って激突した。

❸戦いに敗れた項羽は潔く自害し、名が残った。

コラム　故事成語７

四面楚歌（四面楚歌）

楚の項羽と漢の劉邦の戦いもいよいよクライマックスになり、楚軍は漢軍に追いつめられる。それまで楚軍は戦いを有利に進めていたが、韓信が斉を略定し、鯨布や彭越が各地でゲリラ活動を行い、それらがボディーブローのように効いてきて、徐々に形勢が転じて、漢軍が優勢になってきたのである。

項羽はそこで鴻溝を境に天下を二分して、漢と和平協定を結んだ。劉邦も軍を引き揚げようとすると、謀臣の張良と陳平が進言した。

「この機会に攻撃をしなければ、虎を育てて禍の種をまく（虎を養いて自ら患を遺すなり）ようなものです」

劉邦もこの進言を入れて攻撃を開始した。楚軍は総崩れとなり、食糧も乏しくなった。項羽は垓下に追いつめられた。

その夜、項羽の耳に四方の漢軍から楚の歌が聞こえてきた（四面楚歌）。

「これはまずい。楚の地も漢に降ったか。漢軍に楚の人間がなんと多いことか」

目が冴えた項羽は、酒を飲み、即興の歌をうたう。

▼虞美人

力、山を抜き、気は世を蓋う。
時、利あらず、騅（愛馬の名）、逝かず。
騅の逝かざるをいかんすべき。
虞（愛妾の名）や虞や、なんじをいかんせん。

この夜、項羽は包囲を逃れ、やがて烏江までたどり着いたが、長江を一人で渡って逃れても自分自身が許せないと思い、自刎した。

なお、この故事より「四面楚歌」は、すべてが敵にまわったことを指すが、一般には、周囲から非難され、孤立した状態をいう。

▲烏江亭跡（安徽省馬鞍山市）

▲烏江の項羽衣冠塚（安徽省馬鞍山市）

戦略と無謀との決定的な差

之を死地に陥れて而る後に生き、之を亡地に置いて而る後に存す。　前漢高祖

漢文　陥之死地而後生、置之亡地而後存。

韓信が趙軍と衝突したとき

戦術の基本に反して韓信は河を背にして陣を敷いた

韓信め、兵法の初歩も知らないのか

河を背にするとは間抜けな奴!

大将軍…

案ずるな まあ見ていなさい

ニヤリ

韓信

我らにもはや逃げ場はない

ワアア

アアアア

死に物狂いで戦え!

河岸に追い詰められて逃げ場のない韓信の兵は、死に物狂いで戦った

ひい! こっちからも攻めてきた!

挟まれた!

ヤアアア…

ワアアア

大将軍バンザイ!!

ワアアッ

混乱の中で趙軍は、韓信の兵の挟み撃ちにあって大敗を喫しました

必ず死する地に陥れるとかえって生きるものであり、必ず滅びる地に置けば残るものだ。

英訳 One fights hardest to survive when in a deathtrap.

「背水之陣」の本当の意味

韓信は淮陰（江蘇省淮安市）の生まれで貧しく、知り合いの家々で居候生活をしていました。大志を抱く韓信は、洗濯老婆に飯を食べさせてもらったり、「立派な剣を帯びて偉そうに」とゴロツキにイチャモンをつけられても相手の股をくぐったりして、屈辱に耐えます。

項羽に仕えて度々の進言や提案をしますが採用されず、功を挙げることが出来ませんでした。やがて項羽のもとを離れて劉邦に仕えますが、なかなかチャンスは訪れませんでした。

ある晩、劣勢な劉邦軍から脱走する将兵が増えるのを見て、韓信も逃亡を決心します。その知らせに重臣の蕭何は慌てて追いかけました。蕭何だけは韓信の異才を認めていたからです。

劉邦は蕭何も脱走したという知らせを聞いて衝撃を受けましたが、やがて蕭何は韓信を連れて帰って来ます。そして進言します。

「漢中に留まるなら韓信は要りませんが、漢中を出て天下を争うならば韓信が必要です」

韓信は「国士無双」即ち、天下に並ぶ者がいない程に優れた者であると蕭何は断言しました。ようやく劉邦も納得して、全軍の指揮を任せる大将軍に韓信を抜擢します。

韓信は、劉邦を戴いて関中を攻略して項羽との対決に挑みます。

紀元前 205 年に「彭城の戦い」で項羽には敗れるものの、態勢を立て直した劉邦は項羽と対峙します。その間、項羽の背後の項羽陣営の国々を別動隊を率いた韓信が攻めます。韓信は魏と代を平定し、趙へ進軍します。

井陘（河北省石家荘市）で韓信は趙軍と衝突します。水を前にして山を背にするという布陣が、戦術における基本中の基本とされていましたが、韓信は河を背にして陣を敷きます。

――背水陳為絶地。(「水を背にして陳〔陣〕すれば、絶地〔死に場所〕になる」)。

『尉繚子』の一節を思い出した趙の将軍は、「兵法の初歩を知らないのか」と韓信を嘲笑します。

韓信の巧みな用兵で、敗走すると見せかけて城塞に籠る兵をおびき寄せます。河岸に追い詰められて逃げ場のない韓信の兵は、死に物狂いで戦います。趙兵が出撃して空となっている間に、韓信は別働隊に趙側の城塞を占拠させ、大量の旗をはためかせました。敵に城塞が占拠されたと趙兵は驚き、混乱の中で韓信の兵の挟み撃ちにあって大敗を喫しました。

「背水之陣」のエピソードは、兵を窮地に追い詰めて力を最大限に発揮させることばかりに目が行きがちですが、別動隊で手薄な城を攻めたり、事前に間者を使って情報収集をしたりするなど、韓信は勝つために綿密な作戦を練り上げた上で戦いに臨んでいます。

「背水」は大きな戦略の一面、一部分でしかなく、これだけが勝因ではないことを理解していなければ、窮地に兵を置いても勝利は得られません。

エッセンスを少しばかりかじっただけでは、何の成果も得られず、「生兵法は、大怪我の元」と昔から言われているような事態を招くことになります。

まとめ

❶韓信は河を背にする従来とは違う発想で布陣した。

❷「背水之陣」の裏には、事前の綿密な作戦があった。

❸ただ窮地に身をおくだけでは、勝利は得られない。

コラム　人物8

張良（？〜紀元前186）

張良は、韓の名門の家に生まれ、祖父も父も韓の宰相を務めている。

張良が出仕する前に、韓は秦に滅ぼされた。豊かな家財があったが、それをなげうち、しかも弟が死んでも葬儀を出さず、秦王を暗殺しようと計画した。

やがて始皇帝が巡幸して、博浪沙にさしかかった時、張良は力自慢の男と待ち伏せし、重さ百二十斤の鉄槌を始皇帝の車に投げつけたがはずれてしまった。始皇帝は大いに怒り、全国に捜査網を広げ、厳しく犯人を追わせた。秦の法が厳しくなったのは、この事件がきっかけだった。

遠く下邳に逃れた張良は、下邳の橋のたもとで不思議な老人と会い、老人から太公望の兵法書『六韜』『三略』を授かった。

やがて各地で反乱が起こり、張良は劉邦の幕下に加わり、重用された。楚漢の戦いでは、参謀として劉邦の傍らにあって、的確な戦略を駆使して項羽打倒に大きな役割を演じた。

とくに、漢の２年、劉邦が連合軍と楚の本拠地彭城を一旦は陥れたが、急遽引き返してきた項羽に惨敗を食らい、下邑に敗走した時のこと、劉邦は、

「函谷関以東はあきらめなければなるまい。だが、同じあきらめるなら、楚を討つ協力者に譲りたいが、誰がよかろうか」

と言うと、張良が進言した。

「鯨布は楚の猛将ですが、項羽と溝が生じています。また、彭越は斉王と呼応して梁（魏）で項羽に反乱を起こしています。まず、この二人を抱き込むよう使者を送ってください。そして、わが軍で大事を頼める将軍は韓信だけです。この三人にくれてやるつもりで、全権を委任すれば、楚を破ることができましょう」

この戦略が当たって、ついに項羽を追いつめることができた。

「帷幄の中で謀をめぐらし、勝ちを千里の外に決するは、張良の功績だ」

と劉邦は評した。

漢王朝成立後、多くの功臣が反逆の罪で殺されていく中で、張良は仙界を選び、生を全うすることができた。

兄弟が争うことの不毛

一尺の布も尚お縫うべし。一斗の粟も尚お舂くべし。兄弟二人、相容るる能わず。 前漢文帝

漢文 一尺布尚可縫。一斗粟尚可舂。兄弟二人、不能相容。

兄弟で天下を取ることの難しさ

前漢の実質的な三代目である文帝劉恒（幼帝二人入れると第５代皇帝）は、中国歴代の皇帝たちから最も尊敬された名君の一人です。文帝が聡明でなければ、漢も秦と同じく短命な王朝で終わったと言われる程です。

文帝の母である薄姫は高祖劉邦から寵愛はされませんでしたが、息子には恵まれた幸運な女性です。文帝は病に伏せった母の食事や薬の世話を３年間に亘って孝養を尽くし、孝行息子の代名詞として、現代中国でもよく知られています。

文帝には淮南王劉長という異母弟がいました。その母の趙姫は趙王張敖の側室でしたが、後に高祖劉邦に献上されました。高祖の暗殺を趙王らが企んだと言われた際、趙姫も捕らわれ、獄中で劉長を生んだ後に自殺します。劉長は皇后呂氏の子供として育てられます。

高祖が崩御した後、呂后との息子の恵帝が即位し、母親の呂后は皇太后として実権を握ります。結果として呂后とその親族である呂氏に漢王朝は乗っ取られ、

一尺の布があれば、それを縫って互いに着ることができる。一斗の粟でもあれば、炊いて共に食べることができる。それなのに兄弟二人は、助け合うことができない。

英訳 Although one piece of cloth can be sewed and one volume of a foxtail millet can be threshed and shared. But two brothers cannot accept each other.

恵帝も23歳で亡くなってしまいます。恵帝の二人の幼い皇子が傀儡として立てられ、呂氏一族の専横は続きます。

その呂后が亡くなると陳平(ちんぺい)、周勃(しゅうぼつ)といった高祖の直臣たちがクーデターを起こして呂氏一族を皆殺しにしました。その時に高祖の生存している息子は二人だけで、年長の代王が即位して文帝となり、もう一人が異母弟の淮南王劉長です。

淮南王劉長は、皇帝である兄の威光を借りて傲慢な振舞いが多くありましたが、それでも文帝は意に介さず弟を可愛がり続けました。

しかしながら、文帝6(紀元前174)年に劉長は反乱を計画して捕まり、罪一等を免ぜられて蜀へ流されます。自身が驕って諫めを聞かなかったことを後悔した劉長は、護送中に食事を絶って亡くなります。文帝は弟を手厚く葬るように命じ、遺児四人を列侯に封じます。丁度その頃から人々の間で流行り始めた歌が、本項フレーズです。孝行で知られた皇帝であっても、血を分けた兄弟と天下を共にすることができなかったと皮肉られたのです。

古今東西の歴史に兄弟の骨肉の争いは枚挙に遑(いとま)がなく、現代企業のオーナー兄弟の間でも、しばしば見受けられます。歴史において人の命の長さなど一瞬です。兄弟争わず協力し合った方が、遥かに自分たちの組織や世のためになるにもかかわらずです。

まとめ

1. 文帝には淮南王劉長という異母弟がいた。
2. 劉長は反乱を計画し、最期は自ら命を落とした。
3. 古今東西、兄弟が協力できなかった例は多い。

メンバーの手本であることを目指す

事は強勉に在るのみ。

前漢武帝

漢文 事在強勉而已。

武帝

これより「賢良・方正・直言・極諫」の四つの徳目に優れた人物を推薦させ

私が自ら試験を行う

試験日

それでは答案を提出せよ!

董仲舒

こちらが私の答案でございます

お主は学者の董仲舒だったな

これは意見書ではないか

「何事も勉強することが第一です」

「良く勉強して学問をすれば見聞が広くなり、智慧がますます明らかになります」と述べ

トップの心得を説いたのだった

何事も勉強することが第一です。

英訳 One must first study everything.

時代を超えたリーダーの心得

紀元前141年、景帝の皇太子劉徹が16歳で即位します。有名な漢の武帝です。

武帝は「文景の治」、即ち文帝と景帝の二代にわたる善政で蓄積した莫大な国富を受け継いだ上に、中央集権の強化によって、国力を充実させて漢王朝は絶頂期を迎えます。

高祖劉邦が北方の異民族である匈奴に敗北して以来、漢は低姿勢外交を貫いていましたが、遂に武帝は反撃に出ます。西方の大月氏国へ張騫を派遣したことによって西域の事情が分かるようになり、衛青、霍去病、李広利などの後々まで知られる名将を派遣して西域を征服します。更に東方の衛氏朝鮮、南方の南越国まで滅ぼします。

武帝は紀元前115年に元号制度を始め、即位した年まで遡って「建元」という元号が定められます。この制度は1916年に短命で終わった袁世凱の中華帝国の「洪憲」が制定されるまで中国大陸では存続し、日本ではご承知の通り今日まで残っています。

武帝は皇帝の手足となって仕える官僚を集めるために、「賢良・方正・直言・極諫」の四つの徳目に優れた人物を推薦させ、武帝自らが試験を行いました。この時、董仲舒という学者が意見書を答案として献呈します。そこには本項フレーズに続けて、

キーワード **董仲舒**

前漢の儒者。春秋公羊学を修め、景帝のとき博士となった。武帝のとき儒学を体系づけ、これを政治の根本思想とすることを献策した。

「良く勉強して学問をすれば、見聞が広くなり、智慧がますます明らかになります」
と述べ、帝王の心得を説きます。
「人君はまず自分の心を正しくすることによって、朝廷を正し、朝廷を正すことによって百官を正し、百官を正すことによって万民を正し、万民を正すことによって四方を正しくする。四方が正しければ、遠近を問わず、正しくないところはなくなります」

つまりリーダーたる者は、自ら襟を正して組織のメンバー全員の手本となることを常に心掛けることが、組織を最善に裁量する唯一の方法であるという訳です。全く目新しいことではありませんが、実践することが極めて難しいことは言うまでもありません。

董仲舒が信奉した儒教は、天が自然災害を起こして下界に住む人々に警告を与えるという災異説です。トップに徳が無く、世に合わねば自然に排除されてしまうという思想です。

董仲舒は広川（こうせん）（河北省景県）の出身で、景帝の時代に博士となり、貴族の子弟や逸材を教育する太学を設置すること、儒学を国学とし他の諸子百家の思想を排除することを献策して武帝に採用されます。これ以降、皇帝に仕えて政治に携わるリーダーとなる者たちは、儒学的教養と知識を身に付けることが必須となりました。

董仲舒は清廉潔白な有徳の人物で、学問に生涯励みました。自邸のカーテンを閉め切って、３年間も庭に現れなかったと言われる程、学問と講義に専念し、大勢の弟子を抱えました。『史記』の著者である司馬遷（しばせん）もその一人と言われています。

まとめ

❶武帝は元号制度を始め、「建元」という元号を定めた。

❷組織のトップはメンバー全員の手本とならねばならない。

❸武帝の時代から中国では、「儒学」が必須の学問となった。

コラム　人物9

張騫（ちょうけん）（紀元前164？～紀元前114）

張騫はシルクロードの開拓者。彼は漢中の出身である。即位間もない武帝の命令で西域へ探検に出かけた。匈奴の西に大月氏（だいげっし）（月氏の一部）という国があり、当時、匈奴に対して敵意を抱いているという情報を得ていた。武帝はこの大月氏と手を結び、匈奴を挟撃する計画を立て、その使者として張騫を派遣したのである。

しかし漢の勢力圏から出たところで匈奴に捕らわれ、永らく拘留された。その後、脱出に成功し、大宛（フェルナガ）を経由し、大月氏に至った。しかし大月氏は匈奴と戦う意志はなく、張騫は帰途についたが、ふたたび匈奴に捕らわれた。しかし匈奴の内部で権力争いがあり、そのドサクサに紛れて脱出し、ついに漢に帰還した。出発してから13年の歳月が経ち、出発時は百人余りの部下を従えていたが、帰国時は案内人の甘父（かんぽ）（匈奴人）と二人だけだった。

目的は果たせなかったが、別の意味で張騫は大きな功績をあげた。彼が実際に足を踏み入れた西域諸国は、大宛、大月氏、大夏、康居の４カ国、情報を得た周辺の国は、主なものだけで5、6カ国にのぼり、東方の文明と西方の文明が初めてふれあったのである。

さらに張騫は、蜀から西方へのルートを拓くために尽力した。

また、大将軍衛青の匈奴討伐に参加し、功績をたて、博望侯に封じられた。しかし翌年、李広将軍に従って匈奴討伐に出撃した時、敗北の一因を作ってしまった。斬罪に処されるところだったが、贖罪金を払って平民となっている。

張騫は中国の文明を西域諸国にもたらすとともに、西域諸国からブドウなどの物産を中国にもたらした。張騫の探検は、それまでの世界観を変える偉大な出来事だった。

▼紀元前２世紀ころの内陸アジア

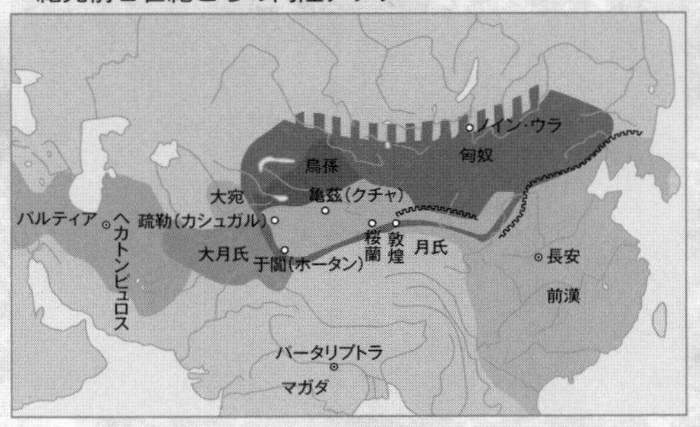

順を追って問題を解決する

乱民を治むるは、乱縄を治むるが如し。急にする可からず。

前漢宣帝

漢文 治乱民、如治乱縄。不可急也。

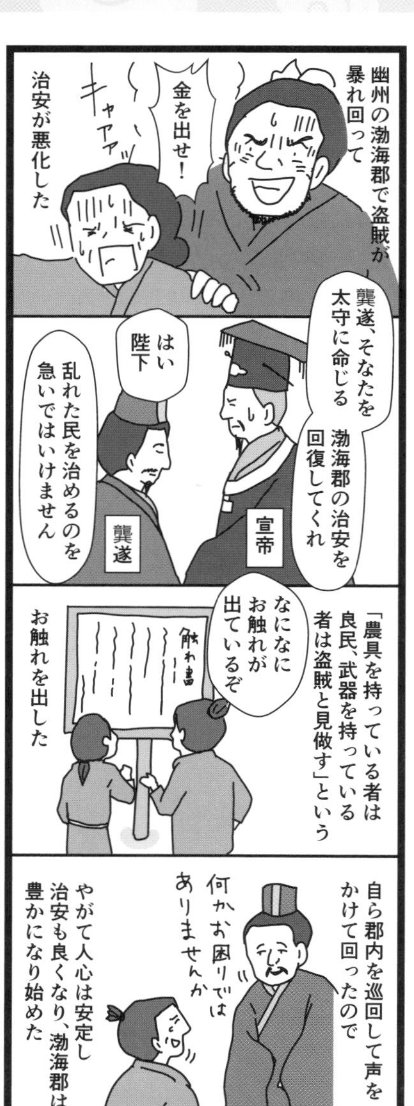

問題は丁寧に解決せよ

紀元前106年に武帝が全国を13の州に分割し、刺史（長官）を置きました。そのうちの一つ幽州（現在の遼寧省と河北省）の渤海郡（河北省滄州市）では毎年飢饉に見舞われ、盗賊が暴れ回って治安が悪化しました。宣帝は優秀な人財と評判の龔遂を太守に任じます。

「如何なる方法で盗賊を取り締まるのか」

宣帝は引見した際、まずは龔遂に尋ねます。龔遂は反対に宣帝に問い掛けます。

「渤海は都から遥かに遠い地方で、陛下の徳が行き届いていません。ですので、人々が飢えていても役人たちは救おうとしません。それ故、貧民たちが悪事に手を染めてしまいます。それは子供が刃物を盗み出して、水溜まりで悪戯をしているようなものです。陛下は武力で早期の鎮圧をお求めですか、それとも徳化によって人心を安定させることをお求めですか」

「貴公を太守に任じたのは、人々を安心させたいからだ」

宣帝の答えに龔遂は、本項フレーズを

乱れた民を治めるのは、もつれた縄を解くようなものです。急いではいけません。

英訳 Ruling disheveled people is like disentangling a twisted rope. Thus, one must be patient.

述べます。

龔遂は早速に馬車で渤海に向かいます。郡の境で兵士たちの出迎えを受けます。しかし、護衛は不要ということで兵士たちを帰し、盗賊の捕縛令を撤回させた上で、

——**農具を持っている者は良民、武器を持っている者は盗賊と見做す。**

というお触れを出します。龔遂は馬車一台で渤海郡の役所へ乗り込みます。盗賊たちの多くは、今度の郡太守は本気らしいと武器を捨てて解散しました。

それでも龔遂は未だ武装している住民を見かけると、丁寧に諭します。

「剣を売って牛を、刀を売って子牛を買いなさい。どうして牛や子牛を腰に帯びているんだね」

こうやって一人ひとりに声を掛けながら、太守自らが郡内を巡回して歩いて回ったことから、やがて人心は安定し、治安も良くなり、渤海郡は豊かになり始めました。宣帝は満足して、龔遂を召喚して水衡都尉（河川を管理する役所の責任者）に抜擢しました。

現場や顧客の承認欲求に細目まで応えることは、リーダーたる者の重要な責務の一つであるということを教えてくれる逸話です。

まとめ

❶龔遂は丁寧に治安を回復すべきだと主張した。

❷龔遂の地道な働きかけが治安の回復につながった。

❸リーダーは承認欲求に向き合うことが肝心である。

第3章

ひたすらに王道を歩め

優れた人格を備えたリーダーの下には、優秀な人財が集まってくる。これは時代を超えた普遍的な真理である。今の時代にあって組織を率いる全てのリーダーは、歴史に学びながら自らの振る舞いを厳しく律する必要があるだろう。

26 宰相は細事を親らせず。

27 易うること勿れ。因りて之を輯めて、
以て直臣を旌わさん。

28 古の興りし者は、徳の厚薄に在って、
大小に在らざるなり。

29 柔能く剛に勝ち、弱能く強に勝つ。

30 古より明王聖主は必ず不賓の士あり。

31 苟も其の人に非ざれば、民其の殃いを受く。

32 虎を縛するは急ならざるを得ず。

33 時務を識る者は俊傑に在り。

34 恐らくは蛟龍雲雨を得ば、終に池中の物に非ず。

35 士別れて三日、即ち当に刮目して相待つべし。

36 財の禍たるを知らば、何ぞ早くこれを散ぜざる。

37 大禹は聖人なり。乃ち寸陰を惜しめり。
衆人は当に分陰を惜しむべし。

38 男子、芳を百世に流す能わずんば、
亦た当に臭を万年に遺すべし。

39 長星、汝に一杯の酒を勧めん。
世、豈に万年の天子有らんや。

26 宰相は細事を親らせず。

前漢元帝

漢文 宰相不親細事。

大局を見て仕事をせよ

済陰郡定陶県（山東省菏沢市定陶区）出身の魏相は、地方の小役人から丞相にまで出世した人物です。能力を認められて中央に推挙されて昇進を重ね、河南郡の太守になります。

宣帝が即位すると、魏相が丞相に任ぜられます。霍光亡き後の霍一族は保身を図るため、魏相を殺害してクーデターを起こそうとしますが、魏相は未然に企てを防ぎました。

それまで皇帝に上申書を提出する際には、正副の２通を作るというルールがありました。役人は副書を開いて不都合な内容のものは握り潰し、正書を皇帝へ見せずに破棄していましたが、魏相はこの制度を廃止して、皇帝に上申書が全て直接に上がるようにしました。

友人の丙吉が御史大夫（検事総長）として、魏相を良く扶けて政治を行ったことから、宣帝の時代に安定と平和が訪れます。その魏相が紀元前 59 年に亡くなり、丙吉が丞相の任を継ぎました。

丙吉は魯（現・山東省の南部）の出身で、

リーダーたる者は、細かなことまでは自分でするべきではない。

英訳 An effective leader should not care a small matter on his own.

牢獄の役人でした。「巫蠱(ふこ)の獄」で戻(れい)太子の家族が逮捕された際、その取り調べを命ぜられます。戻太子の生まれたばかりの孫を憐れんで丙吉は、女の受刑者を乳母として、その赤子を私費で養育させました。この時の子が、後の宣帝です。

丙吉は大将軍の霍光の下で出世し、皇帝となった昌邑王劉賀が乱行に及ぶと、丙吉は宣帝が健在であることを知らせて後継者に薦めました。宣帝が即位してからも自らの功を語ることなく、御史大夫に任じられてからようやく宣帝に真相を告げます。宣帝は仰天しました。

ある時に丙吉が外出した際、大通りで死傷者が出る程の大喧嘩に遭遇しますが、丙吉は何事もないかのように通り過ぎました。その後に牛がハァハァと喘いでいるのを見ると車から下り、「どのくらいの距離を歩かせたのか」と問い掛けます。それを見た人が、物事の重要性について、順番が違うのではないかと尋ねます。

「都の住民の喧嘩などは、都の長官の取り締まる仕事だ」

と丙吉は答えて、本項フレーズを述べました。そして春のこの時期に牛が暑がって喘いでいるのは異常気象のせいなのかも知れないが、その影響について心配するのは、中央の要職にある者の務めだと説明します。誰もが丙吉の主張は筋が通っていると納得しました。

まとめ

❶魏相は宣帝の下でクリーンな政治を行った。

❷魏相の友・丙吉は宣帝を養育し、皇帝に押し上げた。

❸丙吉は小さなことに囚われず大局的な目配りをした。

虚言にまどわされない精神力

27 易うること勿れ。因りて之を輯めて、以て直臣を旌わさん。

前漢成帝

漢文 勿易。因而輯之、以旌直臣。

その欄干は取り換えてはならない。折れた木片を集めて元通りにし、忠義の臣を顕彰したい。

英訳 Do not change the balustrade. It is the symbol of the loyalty.

命がけで諫言する勇気

紀元前33年に元帝が崩御して、成帝劉驁が即位します。名君宣帝の孫にあたる成帝は、子供の頃は勉強に励んだものの、長じてからは酒食に溺れるようになります。庶民の姿に変装しては少数の供を連れて宮殿を出て、毎晩となく街で遊び歩く程でした。

成帝の母である王政君は後宮の女官でしたが、元帝が即位すると、皇后に立てられます。

王皇后は元帝のお気に入りの女性ではありませんでしたが、息子が即位すると皇太后となり権力を握ります。兄の王鳳は皇帝の伯父として大司馬大将軍となり、一族の多くの者が諸侯に封じられます。大司馬の地位はその後も、外戚の王氏一族で独占されます。

『論語』の大家であった張禹は、皇太子時代の成帝の師となります。成帝が即位してからは、国家の重大事項については、全て諮問を受ける立場になります。ある意見書が出されました。

――天変地異が多いのは、王一族が政治を壟断しているからだ。

とそこには記されていました。さすがの成帝も思い当たる節があったのか、張禹の邸宅を訪ねて人払いをしてから意見書を見せます。張禹は自分も老境に差し掛かっている上、子供もまだ幼いことから、王一

キーワード　王政君

元帝の皇后で、成帝の母。元帝の死に伴い皇太后になると、自らの兄弟や甥たちである王氏一族が政治の中枢に関わるきっかけを作った。しかし、成帝が急死すると王氏の権威が揺らぎ、影響力を失っていった。

族に恨まれることを恐れます。

「天災の原因は奥深く測り難いものです。故に孔子も天命に関しては滅多に口にせず、怪力や乱神に関して語っていません」

と尤もらしく『論語』を引用しながら、浅学の者の意見書を取り上げることなど必要ないと成帝に告げます。成帝はこれを信じて、王一族を疑うのを止めてしまいます。

ある時、重臣の朱雲（しゅうん）が皇帝のお側にいるへつらい者の首を刎ねて、百官を激励したいと申し出ます。成帝は誰のことかと尋ねると、朱雲は張禹を名指しします。

成帝は皇帝の指南役を万座で侮辱したと激怒して、死刑を命じました。朱雲は引っ立てられようとした時、宮殿の欄干にしがみ付きます。欄干が折れても諫言を続けていると、将軍の辛慶忌（しんけいき）が頭を床に叩きつけて血を流しながら、成帝に助命を嘆願します。その迫力に押されたのか、成帝は朱雲を許しました。

後になって、壊れた欄干が修理されようとしているのを見掛けた成帝は、本項フレーズを述べたそうです。酒食に溺れながらも、実は性根はまともだったようです。在位すること 26 年、紀元前 7 年に成帝は崩じ、子が無かったことから甥が即位して哀帝となります。それからも政治の実権は外戚の間でたらい回しにされて、漢は衰退の道を一気に辿ります。

まとめ

❶王政君が皇后になり、王氏一族が権力を握った。

❷張禹は王氏一族を恐れて、その横暴を黙認した。

❸張禹を非難した朱雲の危機を辛慶忌が回避した。

コラム　人物10

王昭君（紀元前52？～紀元前19）

漢も中興の祖と呼ばれる宣帝が亡くなり、元帝が後を継ぐ。元帝の時代になると、宦官と外戚が手を結び、政治を動かして王朝の衰えが再び始まった。

他方、北方の匈奴も一時の力はなく、竟寧元（前 33）年に呼韓邪単于が来朝した。呼韓邪単于は兄の郅支単于に敗れて南下し、漢に降っていた。

呼韓邪単于は、来朝した時、漢の皇女を妻にしたいと申し出た。元帝は、後宮の中から王昭君を選んで、皇女と偽って呼韓邪単于に与えた。

ところでこの時、こんなエピソードがある。

「後宮三千人」とのちに歌われるように、後宮には数多くの女性がいた。皇帝はそのため一人ひとり覚えているわけではない。そこで画家に肖像を描かせ、それで夜伽を命じていた。

そのため女官たちは画家に賄賂を贈り、少しでも美しく描かせて、皇帝の目に触れるようにした。

王昭君は、理由はわからないが、賄賂を贈らなかったので、ひどく醜女として描かれてしまった。

さて、元帝は匈奴に送る「皇女」を惜しんで、その肖像画から、一番醜い女性を選んだ。それが王昭君だった。決定したあと、王昭君を謁見した元帝は、実物が美しくて悔しがったという。

かくて、王昭君は匈奴の地へ赴き、一子をもうけたが、２年後の前31 年、呼韓邪単于が亡くなった。王昭君は漢への帰還を望んだが、成帝（元帝の子）が許さず、匈奴の風習に従って、呼韓邪単于の長子に嫁ぎ、二女をもうけ、匈奴の地で亡くなった。

なお、この王昭君は、前漢を滅ぼした王氏とは別系統の王氏の出身である。

古の興りし者は、徳の厚薄に在って、大小に在らざるなり。

後漢光武帝

漢文 古之興者、在徳厚薄、不在大小也。

昔から大業を興した者は、徳の厚薄によってであり、領土の大小ではありません。

英訳 An effective leader is not based on the size of his territory, but the depth of his virtue.

リーダーにとって最も大事なもの

王莽が帝位を漢から簒奪して新を建国しますが、僅か15年の短命で終わります。赤眉軍、緑林軍などを名乗る勢力が各地で反乱を起こし、大いに世が乱れます。

漢の帝室の末裔と名乗る劉氏が、各地で反乱を起こします。紀元22年、南陽郡（河南省南陽市）で、劉縯が末弟の劉秀と共に挙兵します。この兄弟は、子沢山であった景帝の息子である長沙王劉発の正真正銘の子孫でした。

劉縯は勇将で優れた人物であったことから、瞬く間に各地の反乱軍を吸収して一大勢力を築き上げます。しかしながら、所詮は寄せ集めの集団でしたので、各勢力の利害が激しくぶつかり合ったことから、優秀なリーダーである劉縯ではなく、劉縯の本家筋で誰からも御し易い軟弱な劉玄が皇帝として推戴されます。建てた年号から、更始帝と後に呼ばれます。

更始帝は劉縯を大司徒、劉秀を将軍に任じて強力な体制を築き上げますが、猜疑心に苛まれた更始帝劉玄は、人望のある劉縯を恐れて暗殺してしまいます。更始帝に疑われないように劉秀は兄の喪に服さず、何もなかったように振る舞って何とか災禍を免れます。やがて更始帝

キーワード　更始帝

新末後漢初の皇帝。緑林の乱に参加し、更始将軍を名乗り、後に更始帝として擁立される。劉縯を暗殺後は長安と洛陽を陥落させ、長安遷都を行ったが、謀反を起こされた挙げ句、赤尾軍の謝禄に殺害された。

の軍は、遂に洛陽、長安を陥落させました。

紀元3年、恭順の態度を示す劉秀に対してようやく疑いを捨てた更始帝は、劉秀を大将軍に任じて、河北へ厄介払いします。その途中、劉秀の許に竹馬の友である鄧禹が馳せ参じます。共に手柄を挙げて、後世に功名を残そうと語り合って、天下統一の計略を謀ります。

劉秀の軍は真冬に行軍し、暴風雨に晒されながらも厳しい転戦に明け暮れます。薊城（北京市内）を降したものの裏切りがあり、劉秀の軍は這う這うの体で南方を目指して逃げ出します。ある時にはあばら屋で雨宿りをした際、将軍の馮異が薪を集め、鄧禹が焚火をして劉秀が竈に向かって服を乾かさなくてはならない程、窮地に陥ります。

ようやく信都郡（河北省衡水市の一部）に至り、その太守の任光と合流した劉秀の軍はここを拠点とします。その時に劉秀は地図を広げて、鄧禹に問い質しました。

「天下はこんなにも広い。今やっと一つを手に入れたばかりだ。お前は以前、天下を平定するのは難しくないと言ったではないか」

と皮肉交じりの劉秀に対して鄧禹は、天下が乱れている今、人々が優れたトップを待ち望むことは、赤ん坊が母親を求めるのと同じだと指摘して本項フレーズを述べます。この鄧禹の言葉は、

――**優れた組織を立ち上げることができるリーダーは、資本や従う組織のメンバーの多寡ではなく、優れた人格と公正なマネジメントによって大成するものである。**

と現代においては、解釈して良いのではないでしょうか。

まとめ

❶劉縯は反乱軍のリーダーとして一大勢力を築いた。

❷更始帝は優秀な劉縯の存在を恐れて暗殺してしまった。

❸劉縯の弟である劉秀は鄧禹と共に天下統一の計略を謀った。

コラム　人物11

王莽（紀元前45～紀元前23）

王莽は字を巨君といい、魏郡の人。新顕王王曼の長子である。王曼は元帝の皇后王氏の兄弟で、兄弟の子弟がこぞって出世したにもかかわらず、王曼が若くして亡くなったので、王莽は不遇な生活を送った。

しかし王莽はじっと耐え、母親に孝行し、ひたすら徳を積み、学問に励んだ。服装も質素で、まるで書生のようだった。また、叔父たちにも礼儀正しく恭しく仕えた。

こうした努力が認められ、30歳の時に新都侯に封じられた。その後、順調に爵位が上がったが、ますます謙虚にふるまった。彼の評判はいやが上にも高まった。

38歳の時、叔父の大司馬王根の病が重く、王莽が代わって大司馬となった。ついには叔父たちの勢威をしのぎ、国政の実権を手に入れたのである。そして本性をむき出しにする。

哀帝が亡くなると、王莽は平帝を擁立した。その5年後、平帝を毒殺し、わずか2歳の幼帝の摂政となり、3年後、帝位を簒奪して、国号を新と改めた。

王莽は、当時信じられていた陰陽五行思想に基づく讖緯説に儒教イデオロギーを取り入れ、新しい王朝が出現すると予言していたので、多くの人々は彼の即位を当然なものと受け取った。

王莽の改革は、あまりにも性急だった。即位前にすでに行政区画を大幅に改革していたが、即位後には耕地の売買を禁止し、また貨幣制度を全面的に改めた。

こうした政策の結果、食糧は出回らなくなり、貨幣の流通はとまり、天下は騒然となった。

かくて全国で暴動、反乱が起きた。王莽は、薬石と銅とを混ぜて、北斗七星にかたどった威斗という祭器を作り、これで反乱軍を抑えられると信じていた。しかし、結局、押し寄せた漢の兵に王宮の高台で首を斬られた。

しなやかな思考で上り詰める

柔能く剛に勝ち、弱能く強に勝つ。

後漢光武帝

漢文 柔能勝剛、弱能勝強。

光武帝劉秀は戦場で毎日を過ごし

光武帝劉秀

劉秀様がとうとう蜀を平定されたそうだ

あの方は頭が良いだけでなく考え方が柔軟だからなあ

蜀を平定して天下を統一したが

軍事については一切、口を閉ざすようになった

ここはひとつ戦経験が豊富な陛下に…

いえ朕は

シーン

匈奴が異常気象で疲弊したときも

匈奴が疲弊しているらしい

匈奴？あの乱暴な北方の遊牧民か

それは攻め時

皇帝陛下！

バタバタ

将軍たちだ

いま匈奴は弱っています今こそ討伐するべきです

ザッ

将軍たちよ…

柔らかくても剛いものに勝つように

弱さで強さに勝つ

その上書は受け取らないでおこう

力でおさえつけることはしないと返書を認めて却下した

柔らかくても剛いものに勝つように、弱さで強さに勝つ。

英訳 Gentleness can defeat stubbornness, just as weakness can overcome strength.

柔軟な思考の持ち主だった劉秀

光武帝劉秀は、故郷の南陽（河南省南陽市）に行幸し、地元に残る一族を集めて酒宴を開きました。その席で伯叔母たちは、光武帝を字である文叔と昔ながらに呼び掛け、

「内気で素直な心優しい青年だったのに、よくもまぁ、皇帝にまで出世なさりましたねぇ」

と遠慮のない話をするのを受けて、光武帝は笑いながら答えました。

——**吾理天下、亦欲以柔道行之。（天下を理むるに亦た柔道を以て之れを行わんと欲す）。**

「私は天下を治めるのも、やはり心優しいやり方で治めたいと思います」

親戚のおばさんたちに囲まれて、ほのぼのした感じのこの会話は、都会に出て幾ばくか出世した者が、帰郷した際に覚える親しみに溢れています。

ここで使われる「柔道」は、1882年に嘉納治五郎によって創始されたものでは勿論ありませんが、「柔道」を「柔らかな方法」という解釈は、2000年の時を超えた現代日本人にもすることができます。

光武帝からは、高祖劉邦のような育ちの粗さも、武帝劉徹のような

キーワード **三略**

中国の兵法書。上略、中略、下略の三巻から成る。黄石公が漢の張良に授けたとされるが、後世の偽書である。日本には遣唐使である上毛野真備が初めて伝来した。「六韜」と合わせて「六韜三略」という。

尊大さも感ぜられず、帝室の末に連なり、程良い育ちの良さと穏やかさに加えて、温かさが感じられます。

決しておっとりした人物ではなかったのでしょうが、力押し一辺倒ではなく、知略と忍耐力を備えた将軍として人を魅了し、皇帝にまで登り詰めることが出来たのでしょう。

28歳で兄の挙兵に加わり、3年で帝位に就くことができたのは、シャープな頭の良さに加えて、非常に柔軟な思考の持ち主だったからではないでしょうか。

太公望が記し、黄石公(こうせきこう)が撰じて、張良に与えたと伝わる兵法書の『三略(さんりゃく)』にある本項フレーズが、現代において多用されるようになったのは、光武帝が使ったからだとされています。他の皇帝や将軍たちの言葉であれば、現代まで伝わっていたかどうか分かりません。

光武帝劉秀は戦場で毎日を過ごし、蜀を平定して天下を統一した後、軍事については一切、口を閉ざすようになりました。紀元51（建武27）年に北方の遊牧民族である匈奴が異常気象で疲弊しているという情報を得た将軍二人が、「今こそ討伐すべし」と上書して来た際、光武帝は本項フレーズで、力でおさえつけることはしないと返書を認(したた)めて却下します。更に玉門関(ぎょくもんかん)（前漢武帝時代の最西端、現在の敦煌市内）を閉じて、西域との交流も遮断を命じます。諸将には名誉と邸宅を与えて矛を収めさせたので、軍事もやがて語られなくなりました。

日本の「戦国時代」を終わらせて新しい世を開いた徳川家康が、光武帝に近い心境に至った日本人リーダーでしょうか。本項フレーズは、

――**しなやかな思考であらゆる困難を克服する。**

と意訳して解釈すれば、腑に落ちる言葉ではないでしょうか。

まとめ

❶光武帝劉秀は、知略と忍耐力で人々を魅了した。

❷光武帝は天下統一後は、軍事について口を閉ざした。

❸力に頼らない思考は、マネジメントにおいて重要である。

コラム　故事成語8

糟糠之妻（糟糠の妻）

後漢王朝を建てた光武帝には、重厚で、自説を曲げない、気骨のある臣下が多かった。その中に宋弘という臣下がいた。

宋弘は光武帝に召されて太中大夫の地位に就き、のちに大司空に昇進した人物。彼は、俸禄を全て一族に分け与え、手元には何も残らなかったので、人々はその清廉な品行を賞賛した。

光武帝の姉の湖陽公主は夫に先だたれ、やもめ暮らしをしていた。光武帝は、姉のために再婚相手を探そうと、朝廷の官吏たちを話題にして姉の気持ちを聞いた。すると公主は宋弘の名をあげた。宋弘はすでに結婚していたが、光武帝は一計を案じ、宋弘が参内すると、公主を屏風の陰に隠して、宋弘に聞いた。

「諺に、『富貴になれば友を替え、尊貴になれば妻を替える』というが、これが人の心と言うものかな」

宋弘は答えて言った。

「そんなことはございません。貧しい時の友は忘れてはならない。苦労をともにした妻は追い出してはならない（糟糠の妻は堂より下さず）』と私は聞いております」

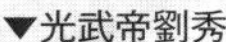

▼光武帝劉秀

光武帝は、公主の方を振り返って、

「姉上、この件はあきらめてください」

「糟」は酒カス、「糠」は米ヌカで、酒カスや米ヌカのような粗末な食事。「堂より下さず」とは、座敷から降ろさない、つまり、妻の座から降ろさない、という意味になる。

現代、糟糠の妻は少なくなったとはいえ、夫の出世を願って、貧乏暮らしを我慢している妻はいる。まだ、この諺が生きているようだ。

▲光武帝陵（河南省洛陽市）

多様な人財の中から逸材を発掘する

古(いにしえ)より明王聖主(めいおうせいしゅ)は必(かなら)ず不賓(ふひん)の士(し)あり。

後漢光武帝

漢文 自古明王聖主必有不賓之士。

なんでも周党という者は無官だが大変に評判が良いそうだ
会ってみたい連れて参れ
光武帝劉秀
周党様が参られました
周党
ドスドス
ムスッ
なんと偉そうな
なんと!名乗りもしない
ザワザワ
拝謁の礼もなしか!
呼ばれたので参りました
そうだそうだ!
周党殿無礼ではないか
ザワ…
昔から聡明なリーダーや有徳のトップの下には
必ず命令に服従しない高潔な人財がいたものだ
キッパリ
かっこいい
清冽だ
周党よ期待通りの人物だな
ワハハハ…

昔から聡明なリーダーや有徳のリーダーの下には、必ず命令に服従しない高潔な人財がいたものだ。

英訳 Throughout history, there has always been at least one noble-minded person who does not obey the orders of an effective leader.

なぜ光武帝の下に優れた人財が集まったのか

人格的に優れたリーダーであった光武帝劉秀の下には、多くの優秀な人財が集まりました。

「雲台(うんたい)二十八将」という功臣がその代表ですが、実際には28人で収まりきらず、30名を超えてしまっているばかりか、馬援は功臣の一人であるにもかかわらず、娘が後漢の二代目の明帝の皇后となってしまったことから、二十八将から外されたりしています。

その馬援は遠征先のベトナムから兄の子に手紙で、

「お前たちが他人の過失を聞くことは、ちょうど父母の名を聞くようにして欲しい。即ち耳で聞いても、安易に口に出してはいけない（子が親の名を口にすることは不孝とされていた）。他人の長所や短所を議論したり、国の政治の是非を問題にしたりするべきではない」

と戒めています。人情に溢れ、慎み深く、人に遜って控えめで、義に厚く、人の悩みを自分の悩みのように、そして人の楽しみを自分の楽しみのようにと同僚を例に挙げて丁寧に説明しています。光武帝劉秀の好む人財の条件であったようです。

光武帝劉秀は収賄に対しては厳罰で臨んだことから、洛陽の都はもとより州や郡、県などの地方役人まで清廉な者が多くいました。トップ次第で組織が末端まで変わる模範例です。

キーワード **雲台二十八将**

光武帝の政治を助けた28人の功臣のこと。明帝が宮中に建てた台を「雲台」といい、そこに建国の功臣28人の肖像を描いたことから「雲台二十八将」と呼ばれるようになった。

光武帝劉秀は特に高節の士を重んじ、無官の周党（しゅうとう）という者の名声を聞くと呼び出しました。その時、周党はわざわざ来てやったという態度で名乗りもせず拝謁の礼も行わなかったので、重臣の一人が非難をしたところ、本項フレーズで堂々と言い返しました。

また同じく無官の厳光（げんこう）という者は、光武帝と若い頃に一緒に学んだ間柄でしたが、光武帝の出仕要請に応じず、姓名を変えて行方をくらましました。光武帝は人相書きを回して探させたところ、斉で羊の皮をまとってノンビリと釣りをしているところを発見されます。

厳光を宮廷へ召して諫議大夫（かんぎだいふ）に任用すべく光武帝は、昔を懐かしんで深酒して一緒にゴロ寝した程でしたが、この厳光は宮仕えを善（よ）しとせずに山中に去り、畑仕事と魚釣りをして過ごして亡くなります。

後漢の役人に、清廉で節制を旨とした人財が多く輩出したのは、周党や厳光の生き方や姿に憧れて、尊敬していた者が多くいたからと言われています。

光武帝劉秀は、学問を第一として世の中を治めました。教育機関を整備し、古典の研究をさせて、礼節や音楽を整えました。皇帝は毎朝早くから政務を行い、日が傾くと三公・九卿・五中郎将と呼ばれた高官たちを集めて、夜中まで儒学などについて論じ合ったそうです。

現代の政治やビジネスのリーダーで、教育や研修活動に熱心な人は確かに存在しますが、幹部たちと毎日勉強会を開いて議論を夜中まで続けるような話は寡聞にして知りません。

光武帝劉秀は在位33年、62歳で崩御しました。中国史上で一、二を争う屈指のトップリーダーです。

まとめ

❶光武帝劉秀の下には、優秀な人財が多数集まった。

❷光武帝が登用した人財は、後々まで格好の見本（ロールモデル）となった。

❸光武帝は幹部を交えて、連日研鑽を続ける名君だった。

コラム　故事成語9

不入虎穴、不得虎子（虎穴に入らずんば、虎子を得ず）

前漢王朝末期から後漢王朝への交代時期、国内では覇権争いが続き、その結果、対外的な政策に手が回らず、北方の匈奴の勢力が増すところとなった。

後漢の二代目皇帝である明帝の時代、しばしば北匈奴が侵攻して来た。侍従武官の耿秉が上書して、匈奴を討つよう進言した。

明帝はこの進言を入れ、耿秉と竇固の二人を都尉（軍団長）に任命して、前線基地のある涼州に派遣した。竇固は、仮司馬（副司令官）の班超を交渉係として西域に送った。班超は、『漢書』の著者班固の弟にあたる。

班超の一行はまず、鄯善国を訪れた。国王は彼らを手厚く歓迎してくれたが、たまたま匈奴の使者が鄯善国にやって来た。すると、国王の態度がガラッと変わり、冷ややかになった。

班超は、36 名の随員を集めて命令した。

「『虎穴に入らずんば、虎子を得ず』（危険を冒さなければ、良い結果は得られない）」

こう言って、その夜、匈奴の使者の屯営に急襲をかけ、使者と随員三十余名の首を斬って捨てた。鄯善側は匈奴の復讐を恐れ、恐慌に陥った。班超は、漢が守るからと言って、匈奴との断交に踏み切らせることに成功する。

この後、一行は于闐国に赴くと、于闐王は、匈奴の使者を斬って、漢側に降った。

それ以降、西域諸国は、漢に降伏し、つぎつぎと公子を人質として送って来た。こうして、西域諸国との交渉が復活するところとなった。

班超は虎を例にとって、随員に話した。虎は、中国社会では、実際に存在する一番恐ろしい動物として崇められている。聞いた随員は、武者震いしたことだろう。

なお、『後漢書』では、原文が「不入虎穴、焉得虎子」となっている。意味は同じである。

▲班超の墓（河南省孟津県）

守るべきルールを厳守する

苟も其の人に非ざれば、民其の殃いを受く。

後漢明帝

漢文 苟非其人、民受其殃。

この町はとてもいい町だね
お、わかるかい旅のお方
われらにはよい帝がいるからね
われらが明帝は皇后様の一族だからといって諸侯に封じたりはしないのだ
本当に実力のあるものを登用されるのさ
父君の光武帝様に続く名君だよ!
へえ それは立派な皇帝様だ
なんでもこないだなんて
姉の館陶公主様から
これは姉上
明帝
息子のために官職を与えてくれと頼まれたのさえ
きっぱりとお断りになったんだそうだ
そりゃあ本当にすごいな
ああ、だから中央も地方もお役人達はみんな立派な方ばかりだ
こうして明帝は後漢の最盛期を築き上げた

適任者でなければ、大勢の人にとって災難となる。

英訳 If a leader is not well-qualified, then it becomes the misfortune for many members of an organisation.

後漢の最盛期を築いた明帝

明帝劉荘は子供の頃から学問好きで賢く、父親の光武帝劉秀から可愛がられていました。母親は光烈皇后陰氏です。光武帝劉秀がまだ若い頃に将来の夢はと問われた時、

——仕官当作執金吾、娶妻当得陰麗華。(仕官するなら執金吾、妻を娶らば陰麗華)。

「官職に就くなら制服の格好いい近衛司令官、嫁にするなら絶世の美女の陰麗華」と答えたそうです。実は地元の若者たちは、誰もが同じような夢を抱いていたそうですが、他の青年と違って劉秀は大いに出世して、実際に憧れの美人で富豪の陰氏の娘を娶り、「執金吾」を従える皇帝になりました。

因みに「執金吾」は日本では衛門府(都の警備と治安をあずかる役所)の唐名とされ、「関ヶ原の戦い」で悪名高い小早川秀秋は左衛門督であったことから、「金吾中納言」が通称であったことは日本史好きの間では、良く知られています。

先に光武帝は河北の王郎征伐の際、真定(別名を常山、河北省石家荘市)を拠点とすべく、地元の有力者の娘にして真定王劉普の孫にあたる郭聖通を娶って皇后とし、皇太子劉彊が生まれていました。しかしながら、紀元41(建武17)年に寵愛を失った郭皇后は廃され、皇

キーワード **陰麗華**

光武帝の皇后で明帝の母。郭皇后が光武帝に疎まれて皇后を廃されたことにより、皇后となった。皇后になってからも質素な生活を保ち、自分の一族が政治に関わることを避けた。

太子も廃位されます。そこで貴人（皇后より一段下の位）の陰麗華が皇后となり、その間に生まれた四男が皇太子となって、後に明帝となりました。

陰麗華は皇后となっても質素で、中国史上において最も優れた皇后の一人とされています。

明帝は光武帝の方針を受け継ぎましたが、前漢の武帝に倣って西域へ積極的に進出します。学問好きで優れた資質を持っていたものの疑い深い性格で、密偵を使って大臣たちを監視させたりして、政務を行っていたそうです。

明帝は父の光武帝が定めたルールはしっかりと遵守し、皇后の一族を諸侯に封じたりはせず、政治にも携わらせませんでした。ある時、姉の館陶公主から自分の息子のために官職を与えてくれと頼まれますが、明帝は本項フレーズできっぱりと断った程です。

明帝は紀元 75 年に 48 歳で崩御してしまいますが、父の光武帝の治世から続く平和と安定した時代を継続し、中央も地方も役人は優れた人財を得たことから、後漢の最盛期を築き上げました。

皇太子劉炟が即位して章帝となります。明帝の皇后であった馬皇后は皇太后となります。馬皇后は光武帝の陰皇后と同じく賢夫人で、皇太后となってからも実家の一門が高位に取り立てられることを拒み続けました。章帝の生母である賈貴人は、この馬皇后の従妹でした。

章帝は儒学を好んだことから、徳治の政治を行って経済や文化が大いに発展しました。しかしながら、その治世は 13 年ばかりで、紀元 88 年に 32 歳で崩御してしまいます。

まとめ

❶質素堅実な皇后・陰麗華は中国史上で評価が高い。

❷明帝は光武帝の治世を継承し、後漢の最盛期を築いた。

❸三代目の章帝も徳治の政治を行ったが、若くして死んだ。

コラム　故事成語10

水清無大魚（水清ければ大魚無し）

後漢の明帝が亡くなり、章帝が即位すると、西域の政策が変わり、西域都護府を廃止した。班超（「虎穴に入らずんば、虎子を得ず」の項を参照）は帰還命令を受け、帰国しようとした。ところが、漢に味方した西域の王や貴族は、北匈奴が攻めてきて復讐されるのを恐れ、班超らに残るよう泣きついた。そこで班超の一行はそのまま駐留して、部下三十余人で過ごすことになった。漢とも連絡が途絶えたが、5年後、援兵がようやく送られてきて、一息つけることができた。

やがて和帝の代になり、再び西域都護府が復活し、班超は西域都護となった。

班超は西域に滞在すること 26 年、西域諸国を平定したことにより、その功績で定遠侯に封じられた。

永元 12（紀元 100）年、班超は滞在 31 年になり、老齢をもって、「生きて玉門関に入りたい」と帰国の嘆願書を提出した。和帝はこれを許可し、将軍の任尚を西域都護とした。

後任の任尚が班超に、西域経営のコツを訊ねると、班超は次のように答えた。

「君は気性がせっかちだ。『水清ければ大魚無し。宜しく蕩佚簡易なるべし』（水が澄んできれいだと、大きな魚は棲みつかない。だから必ず、寛大に対処し、細かいことに拘らずに行動することだ）」

つまり、「無理に黒白をつけず、厳しく対処しない政策を採ること」とアドバイスした。

任尚は、その後、知人に語った。

「班超どのはきっと奇策をお持ちだと思っていた。ところがどうだ。平々凡々なことしか言わないんだ」

ところが、任尚が任地に赴くと、西域の支配力は弱まり、撤退を余儀なくされた。

「水清ければ大魚無し」は一般に「水清ければ魚棲まず」と使われ、「清廉潔白も度が過ぎると、仲間も居たたまれなくなり、孤立してしまう」という意味から、「寛容さをもって対処することだ」ということを言う時に使われている。

▼班超

禍の根を断つタイミング

虎を縛するは急ならざるを得ず。　後漢献帝

漢文 縛虎不得不急。

信義を疎かにした呂布の末路

後漢の桓帝は、「清濁の争い」という権力闘争に悩まされました。168年に桓帝が崩じると、12歳の霊帝劉宏が即位します。外戚＋諸侯連合と宦官の争いは激化し、霊帝は酒と女に溺れて政治を顧みなくなります。

184年に道教の指導者である張角による「黄巾の乱」が起き、瞬く間に全土に反乱が広がりますが、何進、皇甫嵩、朱儁、盧植、董卓といった将軍や諸侯によって反乱は鎮圧されます。すると今度はこの将軍たちが、軍事力を背景に各地で実権を握ります。

地方反乱の鎮圧で功績を立てた孫堅、公孫瓚などの将軍が現れる一方、中央では袁紹、曹操などが頭角を現します。

189年に在位22年にして霊帝が崩じ、長子の劉弁が即位します。母の何太后の兄である大将軍の何進が実権を握りますが、宦官によって暗殺されてしまいます。何進の掾（副官）を務めていた袁紹が激怒して、宮廷に乗り込んで2000人に及ぶ宦官を皆殺しにしました。

虎を縛るならば急いでしなくてはならない。

英訳 If you tie up a tiger, do it quickly.

その混乱に乗じて洛陽に入って実権を握った董卓は、劉弁を廃位してその兄の劉協を献(けん)帝として即位させます。董卓の独裁に反発した袁紹は、反董卓のスローガンで諸侯を結集します。董卓は難を逃れるべく長安へ遷都しますが、腹心の呂布(りょふ)によって暗殺されてしまいます。

袁紹は人望もあり、群雄のリーダー格として一時は河北四州を支配するまでになります。袁紹の従弟の袁術(えんじゅつ)も勢力を得て、長沙太守の孫堅(そんけん)が合流し、そこに呂布も加わりました。

呂布は袁術に厄介払いされてから袁紹、張邈(ちょうばく)、張楊(ちょうよう)の所を経て劉備(りゅうび)に身を寄せます。呂布は、劉備が領する下邳(かひ)（江蘇省徐州市）を乗っ取って追い出します。劉備は兗(えん)州を奪取して太守となっていた曹操を頼ります。曹操は献帝を庇護して諸侯に号令をかける程に力を得ていましたので、呂布は参謀の陳登(ちんとう)を派遣して、曹操と和議を試みます。陳登は、呂布のために十分な領地を寄越せと交渉しますが、

「呂布は虎ではなく鷹と同じで、飢えた時は人に馴れるが、飽きれば飛び去るであろう」

と曹操は和睦を拒否して、呂布を攻撃します。捕縛された呂布は、命乞いをします。曹操はその姿を見ながら、陳登の虎の話を思い出して本項フレーズを述べて、直ちに呂布を絞首刑に処しました。

まとめ

❶反乱に乗じて各地で将軍が実権を握った。

❷呂布は様々な人物を利用してのし上がった。

❸曹操によって呂布の野望は潰えることになった。

時務を識る者は俊傑に在り。

後漢献帝

漢文 識時務者在俊傑。

大事を成すには人財がなにより大切だ

名高い司馬徽に相談してみよう

劉備

なるほどそういうことでしたら

それならやはり臥龍(諸葛亮)と鳳雛(龐統)でしょうな

司馬徽

徐庶

諸葛亮はまさに臥龍です

誇り高い男なので劉備様自ら出向かねば…

私は劉備と申す者。臥龍様のお力をお借りしたく…

…

今日も会ってもらえなかった

もう一度行ってみるか

フゥ…

こうして三度目の訪問でようやく諸葛亮との面談が叶ったという

この逸話は「三顧之礼」として良く知られている

時勢に応じた任務を理解して仕事ができる者は、極めて優れた逸材だけです。

英訳 A man who understands his duty based on the tendencies of the times will become an effective leader.

劉備と諸葛亮との出会い

199 年、曹操から袁術討伐を命ぜられた劉備は、戦火を交える前に袁術が病死したことから、これを好機に曹操のいる許昌に戻らずに古巣の下邳に駐留します。更に曹操の任命した徐州刺史を殺害して徐州を手中に収めると、反曹操派も続々と集まり出します。

劉備が袁紹と同盟したという知らせに曹操は、裏切られたと激怒して派兵します。慌てて劉備は袁紹のところへ逃げ込みました。この時、劉備の妻子を守って関羽が曹操に投降します。

袁紹が官渡（河南省開封市郊外）で曹操と対陣して敗北した後、劉備は曹操からの攻撃を恐れ、荊州へ逃れて劉表の庇護を受けます。漢の帝室一族ということで劉備は、劉表より新野城（河南省南陽市内）を任せられます。

荊州の襄陽（湖北省襄陽市）には、水鏡先生と呼ばれる司馬徽という優れた儒者がいました。多くの人が劉表へ推挙したそうですが、司馬徽は劉表など仕えるに値しないと断り、在野で弟子を育てました。韓崇（劉表の参謀）、徐庶（劉備の最初の謀臣、後に曹操の幕僚）、向朗（劉備の重臣）、龐統（劉備の軍師）などが門下生として名を連ねました。

襄陽の名士である龐徳公は、司馬徽が兄事する程の人物で、若者の

キーワード **水魚之交**

水と魚が切り離せないように、非常に親密な交友のたとえ。劉備が「孤の孔明有るは、猶お魚の水有るがごとし」と言った故事に基づく。「水魚のちなみ」「水魚の思い」ともいう。

才能を良く見抜き、自分の甥である龐統に「鳳雛」、息子の嫁の弟にあたる諸葛亮に「臥龍」というあだ名を付けました。

大事を成すには人財が必要であることを痛感していた劉備は、巷で名高い司馬徽を訪ねて相談します。そこで司馬徽は本項フレーズで、「臥龍」と「鳳雛」の二人しか、劉備の抱える大志のために活躍できる経営戦略アドバイザーはいないと述べます。

一足先に劉備と親しくなっていた徐庶も、諸葛亮を推挙します。

「諸葛亮はまさに臥龍です。一度、飛び上がれば天下を驚かせる程の人財です」

諸葛亮が自らを管仲や楽毅になぞらえている誇り高い男なので、居丈高に呼び出しても出仕しないでしょうから、劉備が自ら出向かねば協力しないはずと徐庶はアドバイスします。

劉備は自分より20歳近くも年下の若造に対してわざわざ足を運び、三度目の訪問にして面談が叶った逸話は**「三顧之礼」**として良く知られていますが、司馬徽の話を含めてある意味では、諸葛亮が自分をアピールするために入念に仕込まれた仕掛けのようです。

しかしながら、優れたリーダーにスカウトされ、全幅の信頼を得て仕事を任せてもらうには、様々な方向から複数の人に推挙される必要があるでしょう。また、その芝居に乗って知らぬ振りをする器量を持つのも、人財確保のためのリーダーたる者の粋な心得です。

諸葛亮は**「天下三分之計」**を劉備に示し、荊州と益州を占拠した上で呉の孫権と組んで、魏の曹操に対抗する策を披露します。我が意を得た劉備は、**「水魚之交」**と関羽と張飛に羨しがられる程、諸葛亮を信頼して組織のNo.2として取り立てました。

まとめ

❶劉備は袁紹との同盟により曹操の攻撃を招いた。

❷人財を求めた劉備は諸葛亮を推挙された。

❸劉備は「三顧の礼」によって諸葛亮をスカウトした。

コラム　故事成語11

髀肉之嘆（髀肉の嘆）

後漢末、天下は乱れ、各地で群雄が割拠した。なかでも、献帝を奉戴した曹操は、官渡の戦いで袁紹を破り、華北平定の道を開いた。

皇帝の献帝は名ばかりで、実権は曹操が握っていた。

車騎将軍の董承が、献帝の密詔だと言って、劉備に曹操を誅殺させようとした。劉備は暗殺の機会を狙っていたが、機会を見いだせないうちに、曹操の命令で、皇帝を自称していた袁術を迎え討つために徐州に派遣された。

劉備はこの機会をとらえ、曹操打倒の兵を挙げたが、反撃をくらい、冀州に逃れた。

ここで兵をまとめたあと、汝南からさらに荊州へ逃れ、長官の劉表のところに身を寄せた。

劉備は、挙兵して十数年、初めて落ち着いた日々を送ったが、ある日、座敷で劉表と雑談中、便所に立った。そこで、股に贅肉がついているのに気づく。思わず落涙し、席にもどったところ、劉表に涙の跡を目ざとく見つけられた。わけを聞かれた劉備は、こう答えた。

「これまで、戦場を駆けめぐり、鞍から離れたことはございません。そのため、股の肉（髀肉）が落ちたことはありませんでした。ところが、しばらく馬に乗らず、贅肉がついておりました。月日がたつのは速く、老境が迫っているのに、今もって功業を成し遂げず、まことに情けなく、それでついつい涙を流してしまったのです」

これが、「髀肉の嘆」である。つまり、名をあげる機会がないことを嘆くことである。

劉備はこの後、「赤壁の戦い」を経て、やがて蜀を根拠地とした。

▲三顧堂（湖北省襄陽市）

チャンスを待ち続ける忍耐力

恐らくは蛟龍雲雨を得ば、終に池中の物に非ず。

後漢献帝

漢文 恐蛟龍得雲雨、終非池中物也。

劉備様は赤壁の戦いでとうとう曹操を破ったな
劉備
荊州の郡県を次々と支配下においてるそうだ
周瑜
…
劉備様には用心をしておいたほうが良さそうだ…
孫権様に上申書をお送りしておこう
孫権
なに、周瑜より上申書がきたか
上申書
恐らく蛟龍が雲雨を得たならばもはや池の中に潜んではいないでしょう
劉備を呉の国内で見張るべき、というのか…
劉備には妹が嫁いでいる
そこまで心配することもあるまい
こうして孫権は周瑜の進言を退けた
劉備め裏切ったな！
しかし孫権はのちに劉備に裏切られることになるのだった

恐らく蛟龍が雲雨を得たならば、もはや池の中に潜んではいないでしょう。

英訳 If a hidden dragon were getting support, it could no longer be contained in a small pond.

劉備の野心と孫権の油断

208年、荊州牧（長官）の劉表が死去して幼い息子の劉琮が継ぐと、曹操に荊州を献上して降伏します。諸葛亮の巧みな工作で、劉備は呉の孫権との同盟に成功しました。

曹操は水軍80万を率いて、呉を討つと宣言します。孫権の重臣たちは降伏しようと薦めますが、ただ魯粛だけは反対し、孫権の兄の孫策の盟友で義兄弟の周瑜を召喚します。周瑜は、

「精兵をお貸し下されば、夏口へ進撃して曹操を打ち破ってみせます」

と豪語します。それを聞いた孫権は、刀を振り上げて机を真っ二つにして、重臣たちを睨み、

「曹操に降伏せよという者は、この机と同じになる」

と断じて、3万の兵を周瑜に与えます。周瑜は劉備軍と連合して、208年に南下する曹操を赤壁で迎え撃って大勝利を収めます。曹操は呉を諦めきれずにその後も出兵します。しかしながら、なかなかうまくいきません。曹操は思わず嘆息して、

「息子を持つなら孫権のような男が欲しい。それに比べれば劉琮などは豚や犬のようなものだ」

と評します。このことから自分の息子を卑下する際に「**豚児**」というようになったそうです。

キーワード　赤壁の戦い

208年、孫権・劉備の連合軍と曹操軍による戦い。孫権の武将・黄蓋が発案した火攻めの計により、曹操軍の軍船に火をかけて大損害を与え、勝利を収めた。これにより三国時代の基礎が作られた。

曹操を敗走させて一安心した劉備は、荊州の郡県を次々と従えて支配地域を増やします。それを見た周瑜は、孫権に上申書を差し出します。

「劉備は梟雄の気質があり、おまけに関羽と張飛という熊や虎のような将軍を従えています。この三人を国境近くに置くのは危険です」

と前置きして本項フレーズで警鐘を鳴らして、呉の国内で監視下に置くべきだと提案しました。孫権は自分の妹を劉備に娶わせていたことから少し油断をして、周瑜の進言を退けます。

劉備という人は不思議なことに、何か人を惹きつける特別な魅力があったのでしょう。曹操に続いて孫権も、結局は劉備に裏切られることになります。

周瑜は武門の誉の高い家に生まれ、容姿端麗な上に気概もある人物でした。孫権の兄である孫策と歳が同じであったこともあって仲が良く、孫策が若くして亡くなる時、周瑜は弟の孫権の後見を託されます。孫策の腹心たちは若い孫権を侮りますが、周瑜は率先して孫権を奉って従い、その姿を見た他の重臣たちも孫権に自然と臣従するようになったそうです。

盟友との約束を守った周瑜は、粋な計らいができる格好良い男です。リーダーたる者は、やはりこのような器量を持たないといけないという見本でもあります。

さて、蛟龍とは臥龍や伏龍と同じく、**「時運に合わずに雌伏して時機を待ち狙う人」**のたとえとして、中国では昔から使われています。「蛟（みずち）は千年で龍となる」という記述が中国の史書にありますが、リーダーたる者は千年雌伏する気概を持って、チャンスを待つ蛟龍にあやかる必要が、時にはあるものです。

まとめ

❶劉備と同盟した孫権は曹操を赤壁で迎え撃った。

❷孫権の戦いぶりは曹操を非常に苦しめた。

❸リーダーは気概を持ってチャンスを待つべきである。

コラム　人物12

関羽（かんう）（？〜219）

字は雲長、河東郡解の人。劉備の挙兵以来の部下で張飛と共に三人は兄弟同然の仲だった。『三国志演義』で三人が兄弟の契りを結ぶ「桃園の義」はあってもおかしくないと思わせる場面である。

200年、劉備が曹操の攻撃を受け、袁紹のもとに落ちのびた時、関羽は下邳（かひ）の守りを任されていたが、曹操に降伏した。曹操が関羽を丁重に迎え入れようとしたが、関羽は劉備との「兄弟の義」を重んじて断った。そして「白馬の戦い」で、曹操に敵対する袁紹の将顔良（がんりょう）を斬り、曹操に「義」を果たすと、劉備のもとに帰った。

その後、荊州で劉備とともに兵を休めるが、208年、曹操軍の侵攻にともない、南下して「赤壁の戦い」を迎え、曹操を撃退した。

211年、劉備が蜀へ進出し、関羽は荊州の守備を任された。

219年、劉備が蜀で漢中王を称すると、これに呼応して関羽は、魏の樊（はん）に向けて討伐軍をおこし、救援軍の総大将于禁を生け捕りにするという戦果をあげ、曹操は都の許からの撤退を考えるほどだった。

関羽のこの攻勢に、魏と呉は恐れた。魏の司馬懿、呉の呂蒙、陸遜らによって、関羽挟撃作戦が進められ、関羽の本拠地である南郡を呉軍が陥れた。行き場を失った関羽は麦城に包囲され、脱出を試みるが、先回りした呉軍に捕らわれた。

孫権は生かして使うつもりだったが、「曹操も飼い慣らせなかった」と言う側近に推され、ついに関羽を処刑し、そして首が曹操のもとに送られたが、曹操はそれを見た数日後、亡くなっている。

関羽は「義の人」と称され、各地に「関帝廟」が作られ、神として祭られている。特に、あの広い中国で商売をする人々は、信義に頼らざるを得なく、それを大事にすることから、関羽の行為にこと寄せ、関羽を祭ることに熱心である。

▲関羽（河南省洛陽市・関林）

変化に敏感であるということ

士別(しわか)れて三日(さんじつ)、即(すなわ)ち当(まさ)に刮目(かつもく)して相待(あいま)つべし。

後漢献帝

漢文 士別三日、即当刮目相待。

呂蒙はまこと武力に優れておる
ブン
トリャーッ
ブン
呂蒙
孫権
呂蒙よお主は学問はやらないのか
はあ私は貧しい家の出でして…
学問はさっぱり
自分も忙しい中で勉強をした
兵法を読むと参考になるぞ
兵法
呂君は近頃書をお読みだとか
最近の情勢についてどう思われますか
魯粛
そうですねここ最近の動きを見ていると…
スラ
スラ
近頃噂の関羽についても…
すっかり学問を身につけておられる!
いつの間に?!
ワッハッハ
リーダーたる者は3日も会わねば見違える程に成長しているものです

リーダーたる者は、3日も会わねば見違える程に成長しているものです。

英訳 If a man is not seen for three day, then he may have changed for everyone to look at him anew.

常に人財の進化に注意せよ

曹操討伐を計画していた周瑜は、210年に36歳で早世します。周瑜は呉の命運を魯粛に委ねます。魯粛（ろしゅく）は徐州の人で、周瑜が未だ地方の県長であった頃からの友人です。

魯粛は初め袁術に請われて出仕しますが、嫌気がさして、周瑜を頼って長江を渡り、孫策に仕えることになります。喪に服すべく故郷へ帰りますが、周瑜の執拗な招聘を受けて呉に赴き、孫権に気に入られます。魯粛は孫権に、

「漢の再興は無理で、曹操が権力を握っている今、江東をしっかり守って様子を見るべし」

と提案します。孫権はその言に従います。

劉表が死去した際、荊州の偵察を兼ねて魯粛は弔問使を買って出ます。夏口（湖北省武漢市内）に至った時、曹操が既に荊州討伐の兵を挙げたことを知った魯粛は、引き返すことになった途中で劉備一行と出会います。魯粛は劉備のみならず諸葛亮とも意気投合し、諸葛亮を劉備の名代に立て、孫権への使者として同道して帰ります。

曹操に降伏する意見が大勢を占める中、厠に立った孫権を追い駆けてまで魯粛が説得し、孫権は断固戦うべしと魯粛の提言を入れて周瑜を召還します。その時の決意が「赤壁の戦い」の勝利をもたらし、曹

キーワード **呂蒙**

孫策と孫権に仕えた武将。赤壁の戦いで曹操を破ることに貢献した。219年、孫権の命を受けて関羽を攻略し、最終的に斬首へと追い込んだ。しかし、その後まもなく病に倒れ、命を落とした。

操の天下統一の夢を阻むことになったことは、前項で触れました。

214年、劉備が益州を占領したことを知った孫権は、一時的に劉備の駐留を認めていた荊州の長沙、零陵、桂陽の三つの郡を返還するように劉備に要請します。当然のように劉備は拒否しましたので、孫権は怒って呂蒙に3万の兵を与えて荊州攻略を命じます。

呂蒙は豫洲汝南郡富陂県（安徽省阜南県）の生まれで、貧しい家に生まれて学問もありませんでしたが、武勇に優れて孫策の側近にスカウトされます。その弟の孫権にも気に入られ、孫堅を討ち取った黄祖を攻めて捕虜にして仇を討ち、「赤壁の戦い」では将軍として活躍します。ある時、孫権は呂蒙が目に一丁字もないことを案じて、渋る呂蒙に対して、

「自分も忙しい中で勉強をした。呂将軍にも出来るはずだ。兵法を読むと参考になるぞ」

と諭します。呂蒙は感じるところがあったのか、読書を始めるや儒学者が舌を巻く程の学問を身に付けます。魯粛が呂蒙の宿営地を通り過ぎる際に挨拶に寄り、時事問題を含めて質問をすると、呂蒙がスラスラと答えるばかりか、荊州に盤踞する関羽対策についても語ります。

――卿非復呉下阿蒙。（卿復た呉下の阿蒙に非ず）。

「呉にいた頃の蒙の奴ではない」と魯粛が感歎すると、呂蒙は本項フレーズで答えます。

つまり、人物を見定める時、昔の頃のままだという先入観を持たず、常に新しい側面に注目することが、リーダーたる者の務めであるということを呂蒙の逸話が教えてくれています。

まとめ

❶孫権は魯粛の導きによって赤壁の戦いに勝利した。

❷劉備と対立した孫権は呂蒙に関羽を討たせた。

❸リーダーは先入観なしに人物を見定めるべきである。

コラム　人物13

司馬懿（179〜251）

字は仲達、河内郡温の人。「死せる孔明、生ける仲達を走らす」という言葉で、字の方が有名だ。魏王朝の曹操、曹丕、曹叡、曹芳の四代に仕え、また晋王朝の基礎を築いた。

少年時代から聡明で、201年、丞相の曹操に招かれ、多くの要職を歴任する。曹操の死後、曹丕に仕え、202年、曹丕が漢の禅譲を受けて、魏王朝をおこすと、録尚書事などの重要な職を任された。

226年、曹丕が死去し、曹叡（明帝）が即位したが、その際、曹丕から他の三人とともに曹叡の輔佐を頼まれた。この年、孫権の軍を敗走させた功績により驃騎将軍となっている。

228年、上庸の孟達が蜀の諸葛亮に呼応して魏に叛いた。宛に赴任していた司馬懿は、孟達に丁重な手紙を送って油断させ、その間、昼夜兼行で上庸に迫り、あっという間に包囲した。孟達の部下が離反し、ついに孟達は斬首される。この結果、二方面から魏に攻撃をかけようとした諸葛亮の戦略は最初からつまずき、魏討伐が失敗に終わるが、司馬懿のこの行動が大きな成果をあげたといえよう。

231年、諸葛亮の攻撃を迎撃する最高責任者の曹真が病に倒れ、急遽、司馬懿が交代して指揮を執り、初めて両者が対戦する。この時は蜀軍の補給がこと欠き、蜀軍は撤退した。

234年、諸葛亮は五丈原に侵出してきた。司馬懿はひたすら守りを固め、持久戦法をとった。対峙すること4カ月、諸葛亮は病を得て陣没。司馬懿の不戦勝だった。

237年、遼東郡太守の公孫淵が反旗を翻し、その討伐を命令された。翌年、これを滅ぼして遼東を平定した。

239年、明帝の死去の際、曹爽とともに後事を託され、幼帝を輔佐する。しかし、曹爽の一党が徐々に朝政を壟断するところとなり、司馬懿は病気を理由に邸に引きこもった。

病気の様子をうかがいにきた曹爽の配下に対し、いかにも余命幾ばくもない振りをして油断させた。そして隙を見せた曹爽にクーデターを敢行し、実権を握り、丞相となった。

251年、王淩の反乱を平定し、司馬氏の権力を揺るぎないものとし、同年、洛陽で死去した。

司馬懿は、相手を油断させ、それをみすまして徹底的に打倒する、という戦法の達人だったといえよう。

生き延びるための諦念

財の禍たるを知らば、何ぞ早くこれを散ぜざる。

西晋恵帝

漢文 知財為禍、何不早散之。

ワ
石崇
孫秀
なあ石崇よ
お前の側室の
緑珠は実に
美しい
チラ
石崇よ
緑珠をよこせ
そ、それは…
いま一番
権力を持つ
私の頼みを
断るのか
それがどういうことか
わかっておるだろう
ギラ
陛下お耳に
入れたいことが
ガタ
何！
石崇が謀反を
起こそうと
しているのか
ニヤリ
石崇を
ひっとらえよ！
こうして捕らわれた石崇は
財宝が禍の種に
なるのであれば
早くに他人に
渡しておけば
良かった…
といって、後悔したという

財宝が禍の種になるのであれば、早くに他人に渡してしまっておけば良かった。

英訳 If wealth brings such a disaster, then why not give it away early?

死に直面した石崇の後悔

晋の武帝司馬炎は即位した当初は質素倹約を旨にした名君でしたが、天下統一を果たしてから急に快楽に耽るようになり、何千人の宮女を侍らすようになります。

武帝は羊に引かせた車に乗って後宮を回り、羊が止まった部屋で宴会をしたり、泊まったりしましたので、宮女たちは羊の好む笹の上に塩を盛ったものを自分の部屋の前に置いて、羊が立ち止まるように仕向けました。これが今日、飲食店の前に盛り塩をする由来です。

国政には関心を示さなくなった武帝に、山濤らは諫言しますが全く耳を貸しませんでした。活動が著しくなった異民族対策も手遅れとなります。その最中に武帝は崩御します。

290年、武帝司馬炎の息子である孝恵帝司馬衷が即位します。中国史上、最も暗愚な皇帝として今日まで知られています。皇后の賈南風は、権謀術策に長けるやり手の女性でした。

この皇后賈氏は夫を尻に敷くタイプで、夫の恵帝が無能なのを良いことに政治を壟断します。しかしながら皇后賈氏は政治の要諦は良く心得ていて、張華などの賢臣を使いこなしたことから、暗愚な皇帝の治世もかろうじて平和が保たれます。

やがて皇后賈氏の一族の専横に怒った晋の王族で征西大将軍である

キーワード **石崇**

西晋の官僚。才能に恵まれ官吏として順調に出世をした。一方で贅沢な生活を送ったことでも知られる。孫秀から愛妾を求められ、拒んだことで殺された。死後、多くの財産を没収された。

趙王司馬倫（司馬懿の九男）が、クーデターを起こして皇后を自殺に追い込み、賈一族を皆殺しにして宮廷を牛耳ります。司馬倫は学問をしなかったために書物を読むことができず、晋の第3代皇帝に即位しますが精彩を欠いて、股肱の臣の孫秀に政治を任せます。

恵帝の衛尉であった石崇には緑珠という美人の側室がおり、権力を握る孫秀が横取りしようとしますが、石崇は拒否します。そこで孫秀は皇帝へ石崇の悪口を並べ立て、謀反の兆しありと密告します。皇帝は、石崇を捕らえるように命じました。

石崇が本項フレーズを述べて後悔します。ここでいう財宝とは美しい愛妾のことです。

紀元301年、皇帝司馬倫に対して、司馬一族の淮南王の司馬允（恵帝の弟）は、斉王司馬冏と共に、司馬倫が好き勝手に振る舞っているのを咎めて、司馬倫を討ちます。やがて司馬一族の東海王劉越は、同族の王たちを滅ぼします。恵帝の侍中である嵆紹は自身が身を挺して皇帝を守ります。恵帝の衣服は嵆紹の血で汚され、着替えを薦めます。

——**嵆侍中血、勿浣也。（嵆侍中の血なり、浣うこと勿れ）**。

とボンクラのはずの恵帝が重臣の忠義を讃えます。この逸話からすると、恵帝はそれ程に愚かな皇帝ではなかったのではないかと窺えますが、恵帝は307年に麺を食べて中毒死します。世の中が飢餓に見舞われた時、

「米が無ければ、肉粥を食べれば良いのに」

と宣まったことで知られています。

まとめ

❶権力を握った司馬倫は孫秀に政治を任せた。

❷石崇は謀反の嫌疑をかけられ命を落とすことになった。

❸司馬倫は司馬允と司馬冏によって討たれた。

コラム　故事成語12

竹林の七賢（竹林之七賢）

漢末から魏を経て晋に至る時代は戦乱に明け暮れ、人々は不安な毎日を送っていた。そんな中、知識人の間で流行したのが清談である。

清談とは、偽善的な生き方を批判し、形式だけに墜ちた当時の儒教を超え、老荘思想に基づいた哲学的な、俗世間から離れた談話のことである。

魏の正始年間（240 ～ 249 年）に七人の賢人が竹林の下で（異説あり）、酒を飲み、清談にふけったことから、「竹林の七賢」と呼ばれた。七賢とは阮籍（げんせき）・嵆康（けいこう）・山濤（さんとう）・向秀（しょうしゅう）・劉伶（りゅうれい）・阮咸（げんかん）・王戎（おうじゅう）の七名である。

魏晋時代は、知識人は言葉を選んで話さなければ命が保証されなかった時代でもあった。

たとえば「竹林の七賢」の代表的な一人の嵆康は、親友が親不孝の罪で訴えられたのを弁護したが､そのことで嵆康自身も親不孝とされ、また嵆康自身が官職を断っていたことから、親友とともに処刑されてしまった。

また、代表的な一人である阮籍は気に入った人物が訪ねて来ると青眼で迎え、俗物で、気にくわない人物には白眼で迎えた。このことから､「白眼視」という言葉が生まれた。

阮籍は、時の権力者である司馬昭が自分の息子の嫁に阮籍の娘をもらおうと、使者を阮籍のもとに送ると、60 日のあいだ酔っ払い続け、使者に言い出せないようにして、この縁談をやんわりと断り、咎を受けないように回避した。

また、母の葬儀の日、大酒を飲み、肉を食べた。当時の礼法では許されない行為であったが、そのあと、血を吐いて倒れた。司馬昭は、痩せ細った阮籍を見て、不孝の罪を赦した。

阮籍は、司馬昭の幕僚にはなったが、いつも酔っ払って、政争に巻き込まれないようにし、また､失言をしないようにした､という。

酔っ払うとつい失言してしまう凡人からすれば、なかなかできない生き方である。

▲劉伶の墓（河北省保定市）

常に自らを律してチャンスを待つ

大禹は聖人なり。乃ち寸陰を惜しめり。衆人は当に分陰を惜しむべし。

東晋明帝

漢文 大禹聖人。乃惜寸陰。衆人当惜分陰。

幼い頃に父を亡くした陶侃は、女手ひとつで母に育てられた

私はきっと出世して母上を楽させます

陶侃

地方役人になったばかりの陶侃の来客のために、母は髪を売り、客をもてなしたという

それだけじゃない陶侃様は

広州に左遷されたときも

うん

うん

陶侃様は一体何をしておられるんだろう

朝になると大瓦を100枚ほど運び出し…

夜になるとまた部屋に運び込んでいる

陶侃様一体何をされているのですか?

再起のチャンスを得るまでの間心身が鈍らないように労苦を自らに課して鍛えているのだ

よいしょ!

聖人の禹王は、1分でも惜しんだそうだ。ましてや凡人なら1秒でも惜しんではいけない。

英訳 If King Yu treasures every minute of his time, then an ordinary man must cherish every second of his time.

再起に備えて自らを鍛える

316年、晋は前趙の皇帝劉曜によって滅ぼされます。武帝司馬炎から始まった50数年間は、長安に都を置いたことから西晋と呼ばれます。その後、司馬一族の最後の生き残りの司馬睿が、江南の貴族たちの支持を受けて建康（南京）で即位します。東晋の中宗元帝です。

323年にその後を継いだ息子の明帝は、賢者に遜ってその提言に耳を傾けました。

東晋の建国の功臣である王敦が丞相となると専横を極め、明帝がこれを責めたところ反乱を起こします。その従弟の王導は明帝からの信頼も厚く、司徒に任ぜられて325年に王敦の反乱を平定します。明帝は大義のために親族をも滅ぼした大忠臣として、王導を重用します。

明帝は僅か27歳で崩御します。東西の晋を通じて随一の名君でしたが、王導の他にも多くの人財を登用しました。その中でも陶侃はピカ一の逸材です。

陶侃は父を子供の頃に亡くして、機織りで生計を立てる母の手一つで育てられ、東晋を代表する名将となりました。陶侃が未だ駆け出しの地方役人をしていた頃、突然の来客がありました。持ち合わせがない陶侃の母は、自らの髪を売って酒と料理を用意してもてなしたそうです。後にその訪問客の推挙を受けて、陶侃はトントン拍子に出世し

キーワード **陶侃**

東晋初期に活躍した名将。荊州刺史として杜弢の討伐にあたった。広州刺史を経て再び荊州刺史となり、蘇峻の乱を平定した。長沙郡公に任じられ、在任中に死去した。

ます。

荊州で善政を敷いた羊祜、その後継者の劉弘から指名された陶侃は荊州刺史に任ぜられましたが、王敦に妬まれて広州へ左遷されます。陶侃は広州では朝になると、大瓦を100枚ばかり部屋から外へ運び、夜になると外から部屋に運び込むことを毎日のようにしていました。それを不思議に思ったある人がその理由を尋ねると、陶侃は、

――吾方致力中原。故習労耳。（吾方に力を中原に致さんとす。故に労を習うのみ）。

と答えます。地方へ左遷されたからといって腐らずに、本社で活躍できる再起のチャンスを得るまでの間、心身が鈍らないように労苦を自らに課して鍛えているというのです。陶侃が現代に生きていれば、さぞ筋トレに励んだことでしょう。

王敦の乱で功績のあった陶侃は、征西大将軍に加えて再び荊州刺史に任ぜられます。荊州の人々は誰もが悦び、それに応えた陶侃は疲弊した荊州を見事に復興させます。

陶侃は非常に勤勉で、また誰に対しても低姿勢で謙虚でした。その陶侃の仕事に対する原理原則ともいうべきものが本項フレーズです。

若い頃から逆境にあり、自らを律して刻苦勉励した人物だけあり、何事にも厳格でした。自分の部下が持っている酒器や博打道具を見付けると、直ぐに川に投げ捨てさせた程です。

自らに厳しいだけのリーダーは尊敬されますが、慕われることはありません。しかしながら、陶侃のような苦労人の真摯な姿には、誰もが魅力を感じてファンになるものです。

まとめ

❶明帝が登用した随一の人財が陶侃であった。

❷陶侃は左遷されても腐らずに努力を続けた。

❸低姿勢で謙虚な陶侃は人望に厚いリーダーだった。

コラム　故事成語13

破竹之勢（破竹の勢い）

　魏、呉、蜀による『三国志』の時代は、263年、まず魏が蜀を滅ぼすが、2年後、その魏も司馬氏の晋に禅譲のかたちで帝位を譲る。残る呉は、孫権の孫の孫晧が帝位に即くと暴虐と荒淫のかぎりをつくし、臣下の心は離れていった。

　279年、晋の司馬炎はついに呉討伐の軍をおこした。20万の大軍を動員し、六つのルートから呉の都の建業をめざした。襄陽から江陵に進撃したのが鎮南将軍の杜預だった。

　杜預は、子どもの頃から読書に親しみ、とくに、『春秋左氏伝』を好み、常に手元におき、自ら「左伝癖（左伝マニア）」と称した。

　杜預の軍は、奇襲部隊を編成し、夜陰にまぎれて長江を渡った。要害の地に陣取ると、まず旗指物を林立させ、近くの山に火を放ち、呉軍の度肝をぬいた。呉の将軍は、

「晋兵は長江の上を跳び越えて来た」

と言って、恐れおののいた。

▼杜預

　このあと、杜預は軍を分け、水軍と協力して、要衝武昌を陥落させた。ここで、杜預は一気に勝負に出た。

「今、わが軍には勢いがある。たとえば竹を割るようなもの（破竹の勢い）だ。最初の一節か二節割ってしまえば、あとは向こうの方から割れていく」

　かくて、全軍に命令を下し、建業をめざし、ついに呉を降した。

　このエピソードから、猛烈な勢いで進むことを「破竹の勢い」と言うようになった。

　なお、唐代の詩人杜甫は、杜預の子孫だと言われている。

▲杜預の墓（河南省偃師市）

野心を抱いて困難に打ち克つ

男子、芳を百世に流す能わずんば、亦た当に臭を万年に遺すべし。

東晋帝奕

漢文 男子不能流芳百世。亦等遺臭万年。

桓温は荒れ狂う異民族から洛陽を奪還したほどの猛勇の人

ヤァァー

桓温

1万の兵を率いて成漢を僅か3カ月で滅ぼし

桓温

ワー

ワー

加えて豪傑な美男子で

桓温様よ！

いつ見てもハンサムよねえ

キャッ

キャッ

自分は必ず勝ちますよ！

ワッハッハ

すごい自信家！

大変な自信家で野心を隠すこともなかったのだそうだ

男なら、名声を百年まで伝えることが出来ないならば悪名を万年まで残すべきだ

す、すごい自信だ

うへぇ

でもこれくらいの大志がなければ

戦乱の時代のリーダーとしては生き抜けなかったかも…

男なら、名声を百年まで伝えることができないならば、悪名を万年まで残すべきだ。

英訳 If a man's reputation is not favourably remembered for hundreds of generations, it is the same as his reputation is trashed for eternity.

大志を生きる原動力とする

後漢末の184年に「黄巾の乱」が起きて天下が乱れてから、589年に隋の文帝によって天下が統一されるまでの間、「三国時代」「五胡十六国時代」「南北朝時代」と複数の呼び名がありますが、一括りにして「魏晋南北朝時代」とも呼ばれます。

その中で、経済と文化が大いに発展した長江流域を基盤として、三国時代の呉、東晋、宋、斉、梁、陳の六つの繁栄した王朝を合わせて、「六朝時代」という呼び方もありますが、華北は暴力と殺戮に荒れ狂う異民族の侵入を受けながらも、江南では風雅な貴族文化が栄えました。この時代、漢族の中で最も傑出した人物の一人に、東晋の桓温がいます。

桓温は豪快にしてハンサム、明帝の娘婿にして東晋の最大の要所である荊州の刺史となり、将軍としては洛陽を異民族から奪回する程の武功を挙げました。

更に桓温は、1万の兵を率いて蜀と漢中を支配していた成漢(氐族の李雄が建国)を僅か3カ月で滅ぼしました。司馬昭が蜀漢の劉禅を討伐した際には、20万の兵を派遣したことと比べれば、桓温の軍事的才能の高さが推し量られます。

桓温は三度に亘って北伐を試みました。華北を占拠する異民族を相

キーワード **魏晋南北朝時代**

後漢の滅亡(220年)から隋の天下統一(589年)までの時代を指す。「三国時代」を経て晋が天下を統一。その後、「五胡十六国時代」を経て北朝と南朝に二分する時代が続いた。

手にしての大奮闘は、後の南宋時代の岳飛を凌駕する働きぶりでしたが、東晋の幼帝から禅譲を目論んで失敗したことから、後世の評判が極めて悪い人物になってしまっています。

曹操の息子の曹丕が父の亡き後に魏を打ち建てたように、桓温の息子の桓玄（かんげん）も父の亡き後に楚を建国しますが、僅か３カ月で滅亡したため、必要以上に桓温の偉業を霞ませています。

しかしながら、桓温は東晋の宮廷において自他共に認める実力者として、自信過剰なきらいもあり、その野心を隠すことがなかったとも伝えられています。

桓温はある夜に枕をなでながら、その秘める大志を本項フレーズとして述べたそうです。

この言葉は、寝所に侍る者の誰かが聞いて桓温の政敵に密告したので残ったのか、それとも如何にも桓温が吐きそうな言葉だったからか、酒の入った席で機嫌の良い時の日頃からの口癖だったのか、いずれかなのかは分かりませんが、これくらいの大志がなければ、大戦乱の時代をトップリーダーとしては生き抜くことはできなかったとして今日まで伝わっています。

組織において「文」が栄えると、「武」が衰えます。安定志向は積極性を阻害します。事を荒げずにややもすると臆病で腰が引けたようなメンバーが主流となる組織では、内部において足の引っ張り合いが大きな力を得ます。そして外部からの圧力に対して、内部が結束しなくてはならない時に至っても内紛が終わらないのは、五胡十六国時代に例がたくさんあります。

まとめ

❶東晋の桓温は、洛陽を異民族から奪還する活躍をした。

❷桓温は野心を隠さず、周囲に公言していた。

❸安定を求めすぎると、組織は停滞を招く恐れがある。

コラム　人物14

王羲之（303？～361？）

字は逸少、瑯琊郡臨沂の人。「書聖」と呼ばれている。彼は、魏晋時代を代表する名門、瑯琊の王氏の家系に生まれた。7歳の時から書を習い始めたと言われている。

その人格と識見で、多くの有力者から嘱望され、要職を任命されたが、その都度辞退した。しかし友人からの懇請で、護軍将軍となる。やがて地方転出を申し出、右軍将軍、会稽内史となって、会稽に赴任する。

会稽の土地柄に魅せられた王羲之は、ここを終焉の地と定め、謝安ら名士たちとの交友を楽しんだ。権力闘争に嫌気がさした王羲之は、病気を理由に官を辞して隠棲した。

彼は、楷書、行書、草書など五体にいずれにも優れ、代表作品には、『黄庭経』『楽毅論』『十七帖』『蘭亭集序』などがある。七男の献之とともに、二王と称せられ、その後の書の世界に大きな影響を与えた。

王羲之の書がとりわけ有名になったのは、唐の太宗が好んだことからと言えよう。太宗はその死去にあたって自分の陵墓である昭陵に『蘭亭集序』を副葬したと言われている。

▲蘭亭（浙江省紹興市）

プレッシャーに屈したリーダーの末路

長星、汝に一杯の酒を勧めん。世、豈に万年の天子有らんや。

東晋孝武帝

漢文 長星、勸汝一杯酒。世豈有万年天子邪。

酒だ！
もっと酒をもってこい！
孝武帝
皇帝陛下もうおやめください
陛下はずっと酒びたりだ
政ごとも弟君に任せきり
プレッシャーに潰れてしまわれたのだろうか
ウィ〜〜
フラ
フラ
チカッ
お、ほうき星か…
ほうき星よお前にも一献
ヒック
この世に1万年も生きるリーダーなぞ存在しないんだから
張貴人お前ももう30歳か
フラ〜
本当ならお前もお払い箱の歳なんだよなぁ
陛下っ
ピキ
捨てられる…
陛下を殺しておいで
はっ

お払い箱にされると思い込んだ張貴人は、酔いつぶれた孝武帝を殺してしまったほうき星よ、お前にも一献。この世に1万年も生きるリーダーなぞ存在しないんだから。

英訳 I give you one drink, my dear shooting star. There has never been a top leader who was able to live for ten thousand years.

酒に溺れて全てを失ったリーダー

司馬懿の曽孫である司馬睿が、317年に晋の皇族の最後の生き残りとして、建業（南京市）で即位して東晋の元帝となってから、明帝、成帝、康帝、穆帝、哀帝と経て皇帝司馬奕の時、東晋の最大の実力者である桓温は皇帝を廃して、元帝の息子である司馬昱を第8代皇帝の簡文帝として擁立します。

僅か8カ月の在位で372年に崩御する簡文帝は、桓温へ禅譲しようとしましたが、謝安らの重臣たちの妨害工作によって、12歳の太子が孝武帝として即位します。まもなくして桓温が62歳で病死すると、謝安が宰相に任ぜられます。謝安は元々は桓温に仕えていた人物で、後に宮廷で出世して皮肉にも桓温への帝位禅譲を阻む立場になりました。

その頃、前秦皇帝の符堅は氐族出身ながら、漢人宰相の王猛の補佐を受けて各民族を糾合して華北統一を果たします。更に符堅は、桓温が征服して東晋の領土となった蜀も占領します。

東晋征伐に反対していた前趙の名宰相である王猛が亡くなると、383年に符堅は100万と称する兵と共に天下統一を目指して南下します。しかしながら、謝安の弟である謝石と甥の謝玄らによって「淝水の戦い」で符堅は大敗し、長安へ逃げ帰り亡くなります。華北は羌

キーワード　淝水の戦い

383年、東晋の謝玄が8万の軍勢で前秦の符堅率いる約90万の軍を撃破した戦い。淝水は淮河の支流のこと。符堅の野望は潰え、華北は混乱に陥り、南北朝の対立が決定的となった。

族の姚氏と鮮卑族の慕容氏の争いの場となります。

自ら政治を行うようになった孝武帝は、そのプレッシャーからか酒と女に溺れるようになり、酒から醒める時が全く無い程のアルコール中毒となります。一切の政治も弟に任せっ放しで、謝安らの重臣が支えて全盛期を迎えていた東晋も急激に国力が傾きます。

宮殿で酒宴を毎晩のように開いていたある時、ふと夜空を見上げるとほうき星が現れました。孝武帝は酒杯を挙げて、本項フレーズを呟きました。

皇帝とはいっても1万歳まで生きるような者はおらず、生きている限り楽しまなくては損だという訳です。確かにその通りですし、その達観ぶりも見事ではありますが、マネジメント不在の組織に仕える者たちにとっては、まさに大変なリーダーです。

ストレス解消には酒は良薬にもなりますが、やはり溺れてしまっては何事も台無しです。

深酒をした孝武帝が、30歳になった寵姫の張貴人に対して、
「本当ならお前もお払い箱の歳なんだよなぁ」
と軽口を叩いたところ、それを信じた張貴人は女官に命じて、酔いつぶれた孝武帝の顔に布団を押し付けさせて殺害してしまいました。386年、孝武帝は35歳でした。酒と異性はリーダーたる者にとっては、時によっては危険極まりないことを一発で示すエピソードです。

やがて宰相の劉裕が、恭帝（孝武帝の次男）を廃して東晋を滅ぼし、宋を建国します。

まとめ

❶前秦皇帝の符堅は華北の統一を果たした。

❷符堅は天下統一を目指して南下するも失敗に終わった。

❸孝武帝は酒色に溺れて東晋の滅亡を招いた。

コラム　故事成語14

旁若無人（傍若無人）

東晋の実力者である将軍桓温は、354年、前秦の攻撃のため、長安をめざした。やがて覇水のほとりに軍を進めた。そこに、北海郡の出身で王猛という男が、ぼろを身にまとい、面会を申し込んできた。

王猛は大望を抱きながら、華陰に隠棲して、英雄と会える機会を窺っていたのである。

桓温が会って見ると、王猛はシラミをつぶしながら、当今の天下の大事を語ったが、人を人と思わない態度（傍若無人）だった。

桓温はこのあと、前秦軍と戦ったが、戦況ははかばかしくなく、引き揚げることにしたが、王猛に幕僚に加わるように誘った。王猛はいったん華陰に戻り、師に相談すると、行くことはないと言われ、桓温の幕僚にならなかった。

やがて王猛は前秦の苻堅に招かれ、苻堅に会うと、まるで旧知の仲のようで、天下を語り、意気投合した。これ以降は、王猛は苻堅の下で、大いに腕をふるった。前秦の隆盛は王猛によるところが大きかったと言えよう。

傍若無人は、中国語では「旁若無人」と書かれる。漢文読みにすれば、「旁らに人無きが若し」で、他人のことなど気にかけず、勝手に振る舞うことで、人を人と思わない態度を指す。

王猛は、桓温に会ったとき、それまで考えたことをここぞとばかりに述べたため、それが傍若無人にうつったのであろう。

ところで、「傍若無人」の出典は、『史記』の「刺客列伝」の荊軻の話に出てくる。

▼王猛

衛出身の荊軻は、燕に逃れ、そこで筑の名人高漸離らと毎日のように酒を飲み、感極まると、彼らは大声で泣き、まるで周りにだれもいないかのようであった（旁若無人）、とある。本来の意味はマイナスイメージだが、王猛の場合は、周りを見る余裕がなかった、と言うべきであろう。

第4章

組織を未来につなげる覚悟

トップがマネジメントを疎かにすれば、組織は遅かれ早かれ滅亡に向かう。それは、これまでの長い歴史が証明しているところである。リーダーたる者の責任は重い。それを自覚することの大切さを決して忘れてはならない。

40 読書万巻、猶お今日あり。

41 禍いを転じて福いと為さん。

42 唾は拭わざるも、自ずから乾かん。
当に笑って之を受くべきのみ。

43 怒る者は常の情なり。笑う者は測る可からざるなり。

44 正人は邪人を指して邪と為し、
邪人も亦正人を指して邪と為す。

45 天下は須く長槍大剣を用うべし。
安んぞ毛錐子を用いん。

46 若し一たび名姓を知らば、則ち身を終わるまで
忘れず。知る無きに如かざるなり。

47 恩を己に帰せんと欲せば、
怨は誰をして当たらしめん。

48 衆賢の進むは茆の斯に抜くるが如く、
大姦の去るは距の斯に脱するが如し。

49 偏重ならば其れ行る可けんや。
或いは左し或いは右するも其の偏は一なり。

50 人生古より誰れか死なからん。
丹心を留取して汗青を照らさん。

読書万巻(どくしょまんかん)、猶(な)お今日(こんにち)あり。

南北朝 梁元帝

漢文 読書万巻猶有今日。

何万冊の本も読んで勉強したにもかかわらず、今日の憂き目にあってしまった。

英訳 What I have achieved today is a result of reading thousands of volume of books.

リーダーが知識に頼ることの限界

斉の第6代皇帝蕭宝巻は暴君で、皇帝の遠い親戚である蕭衍によって討伐されてしまいます。蕭衍は新たに和帝を立て、その和帝から502年に禅譲を受けて皇帝となり、国号を梁とします。南朝において、珍しく50年近くも在位した梁の武帝です。

梁の武帝は、中国歴代皇帝の中で最も仏教に帰依した皇帝として記憶されています。仏典に関する注釈書や解説書を著し、仏教集団を保護するばかりか、自らも仏教の戒律を守る菜食主義者として知られていました。

梁の武帝は囲碁打ちとしても知られ、名人級の腕前もさることながら、歴史上初めて国家がスポンサーとなって、全国囲碁大会を開催した程の文化人としても歴史に名を残しています。

治世のほとんどは善政でしたが、仏教や文化活動に傾倒するあまり、武備を疎かにしてしまいます。帰順した北朝の東魏の将軍だった侯景が反乱を起こすと、武帝は幽閉されて餓死させられてしまいます。

侯景の傀儡として、武帝の息子の簡文帝蕭綱が即位します。簡文帝は侯景を相国、宇宙大将軍（宇宙が役職名に付いた最初の面白い例）に任じました。

侯景は1年もすると簡文帝を廃してその甥を擁立し、禅譲を受けて

キーワード　老子

周の思想家、その著述とされる著書。儒教の仁義道徳や法による規制を人為的なものとして斥け、真の道を人為以前の虚無自然に求めている。

自らが皇帝となります。しかしながら僅か5カ月余りで、侯景は武帝の息子で、簡文帝の弟である蕭繹によって討ち滅ぼされてしまいます。蕭繹が即位して元帝となります。

侯景は武帝を追い詰めて建康（南京市）を陥落させた時、10万人近い人々を虐殺や餓死させたことで評判が悪く、侯景の遺体は建康の市に曝された後、膾にして食べられてしまいました。近代の日中戦争の際、日本軍が南京を占領した時、侯景以来の災難と地元の人は嘆いたという話がありますが、侯景の非道は生々しく後世まで記憶されていたそうです。

一方、南朝が梁の頃の北朝は、北魏が東魏と西魏に分裂していました。西魏の実力者である相国の宇文泰は、侯景の乱の際に蕭繹を支援するのに乗じて蜀を占領し、梁を圧迫します。

554年、西魏は大軍で遂に梁を攻めます。都の江陵を西魏軍が囲む中、元帝は現実から逃避したかのように武装した重臣たちを前に『**老子**』の講義を行います。そして講義を終えると14万巻に及ぶ蔵書を自らの手で焼き捨てて、元帝は降伏します。それを知った人が何故にそのようなことをしたのかと尋ねると、元帝は本項フレーズで答えたそうです。

組織のトップとしてマネジメントを疎かにした末路ですが、教養や学問がいくらあっても、リーダーとしての資質や能力とは無関係であるという逸話です。

どんなに書籍を読んで知識を得ても、責任者として行動する意識に欠けた結果は滅亡でしかないということをリーダーたる者は強く肝に銘じておかねばなりません。

まとめ

❶武帝は仏教に帰依し、文化人としても名を残している。

❷元帝が西魏軍に攻められた時、蔵書を焼き捨て降伏した。

❸教養や学問が、リーダーの資質に結び付くとは限らない。

コラム　故事成語15

不覚屐歯折（屐歯を折るを覚えず）

謝安（320 ~ 385年）は、若い頃、清談にふけり、出仕しなかった。40歳になって出仕し、やがて実力者桓温の死後、東晋王朝の実権を握った。

華北の統一政権である前秦の苻堅は、全国統一をめざし、383年、大軍を南下させて東晋を攻め、淝水をはさんで両軍は対峙した。

謝安の甥の謝玄は、先鋒軍の指揮官となったが、使者を前秦の陣営に送って、申し入れた。

「貴軍の陣を少し後退して、わが軍を渡らせてもらいたい。そのうえで堂々と決戦をしたい」

苻堅はこの申し入れを受け入れた。東晋の軍が渡江中に攻撃を仕掛けるつもりだった。ところが、いったん後退し始めると、浮き足立ち、停止しない。捕虜になっていた者が、叫んだ。

「戦に負けたぞ」

前秦軍は雪崩を打って潰走し、東晋軍は追撃に移り、苻堅は命からがら長安に逃げ帰った。

謝安は、勝報が届いたとき、客と碁を打っていた。彼はさっと目を通すと側に置き、喜んだ様子もなく、そのまま碁を続けた。碁が終わり、客がその内容を訊ねると、おもむろに答えた。

「若い連中が敵を撃退したそうです」

ところが、客が帰ると、謝安は部屋に駆け戻ったが、喜びのあまり、下駄の歯が折れたのにも気づかなかったという。

▼謝安

「屐」とは下駄のこと。このエピソードから、「不覚屐歯折」は、嬉しくて我を忘れるということになるが、中国では諺として「折屐」と略され、驚喜することを言う。

なお、『十八史略』では、このあとに、謝安が感情を表に出さず、状況に左右されないことを述べている。驚喜することより、謝安の落ち着いた振る舞いに重点をおいている。

▲淝水の古戦場碑（安徽省淮南市）

逆境はリーダーにとっての試金石

禍(わざわ)いを転(てん)じて福(さいわ)いと為(な)さん。

唐高祖

漢文 転禍為福。

隋

どけどけ！

金をよこせ！

隋はすっかり盗賊が幅をきかせるようになってしまった

煬帝様の圧政のせいだ

李淵よ息子・李世民を連れて賊軍討伐に行って参れ

はっ

煬帝

李淵

世民よ、帝の命令だ

ともに盗賊を退治してくれ

はい父上

李世民

こうして李淵は息子・李世民とともに盗賊討伐を行い続けた

ワーワー

いくら盗賊を討ってもこれじゃあらちがあかない

はあ

はあ

帝があれじゃあ…

父上

いま皇帝の隙をつけば

容易に長安を占拠して天下を平定することが出来ます

李世民様の言う通りだ！

やりましょう！

父上！

うむ…

その後、李世民は煬帝に反旗を翻し一気に長安までを占拠

禍を転じて、300年に亘る大唐帝国の礎を築くことになった

不利な状況を有利な状況に変えてしまおう。

英訳 Turning a disaster into a fortune.

逆境を肯定的に認識せよ

本項フレーズと同じような語句は、『**史記**』蘇秦列伝にもあります。

――臣聞古之善制事者、転禍為福、因敗為功。(臣聞く、古の善く事を制する者は、禍を転じて福と為し、敗に因りて功を為す)。

失敗に学んで成功を収めるという意味で、今日でも良く使われている代表的な故事成語の一つです。元々は身に降りかかった禍や災難を自分に有利になるように転用することによって、厄介なことが一転してラッキーの種に転じるような状況にすることを指します。

資金が枯渇して部品在庫が少なくなった状況を利用して、高効率のトヨタ生産方式が生まれたのは、現代経営における禍を福となした最大の見本例でしょう。

また禍を福に転じることができる人は、逆境にある状態を肯定的に認識して、積極的な態度をとることができる人です。逆境がない人生などありません。順風満帆で一生を終える人生など、全く面白味もないでしょう。なぜ自分が逆境にあるかを問い質し、それに果敢に対処することにこそ人生に醍醐味が生まれ、リーダーたる者の人格に深みが生まれるものです。

不幸な出来事や災難が起きると、直ぐに前向きな考え方や姿勢を持つことは難しいものですし、たとえ持てたとしても、それを粉々に打

キーワード **李世民**

唐朝第二代皇帝。太宗。618年に尚書令となり、兄を玄武門で殺害し、父の譲位を受け、天下統一を成し遂げた。律令政治を確立した治世は「貞観の治」と呼ばれる。

ち砕くような惨事が続けて押し寄せて来ます。

何とか一旦は押し留めることが出来ても、そこからこれを経験にして何か学ぼう、今後に活かそうとして、新しいことに取り組むことができれば理想的ですが、後ろ向きになって落ち込んだり、不遇を嘆いたりしては、そこで終わってしまいます。

隋の煬帝の圧政によって天下が乱れて全国に盗賊が跋扈した時、山西と河東の両郡で暴れる賊を退治するべく、唐公李淵が派遣されます。聡明で勇猛果敢な息子である李世民と共にたびたび賊軍に勝利を収めた李淵は、世の中の多くの人の期待を集めるようになります。

北方民族の突厥は勢力が衰えた隋へ何度も侵入を企て、さすがの李淵も敗れることも増え、煬帝から咎めを受けるのではないかと戦々恐々とするようになります。その時、李世民は

「多大な出費を伴う南方への行幸を頻繁に行って、都の長安を留守にする煬帝の隙をつけば、容易に長安を占拠して天下を平定することができる」

つまり正義の兵を挙げて民心の離れた煬帝を討って天下を取ろうと父親に迫り、本項のフレーズで決起を促します。自分たちが突厥征伐の責任を負わされる前に、非道な政治を行っている皇帝を排除してしまおうという訳です。躊躇する父親を何とか説得し、敵方である突厥から援軍を得て、李世民は一気に長安まで駆け抜けて占拠することに成功します。

まさに禍を転じて、300 年に亘る大唐帝国の礎を築くことになります。後に皇帝となった父の後を継いだ李世民は、第二代皇帝として中国歴代王朝の最高の名君の一人となります。

まとめ

❶李淵は息子の李世民とともに賊軍の制圧に貢献した。

❷李世民は父を促し、ついに煬帝に反旗を翻すことを決意した。

❸リーダーには禍を福に転じるための強い意志が求められる。

コラム　故事成語16

王佐之才（王佐の才）

隋末の混乱に、晋陽の唐公李淵は挙兵すると、他の群雄を降伏させて、624年、天下を平定した。挙兵および平定には次男の李世民の力によるところが大きかった。

ところで、長男で太子の建成や三男の斉王元吉は、世民の功名が日に日に盛んになるのを快く思わなかった。

彼らは世民の失脚を狙い、世民配下の人財をつぎつぎと地方官に転出させた。そして、ついに腹心の杜如晦にまで地方転出の命令が出た。腹心の臣下である房玄齢が世民に進言した。

「他の者なら、さして惜しむに足りませんが、如晦は、まさに帝王の輔佐にふさわしい人物（王佐の才）です。将来、天下を治めようとお考えなら、如晦がいなければ無理でしょう」

李世民は、すぐに帝に奏上して、杜如晦の転出を阻止することができた。

やがて、建成、元吉は、世民殺害の行動を起こそうとした。この噂を耳にした世民の属官は二人の殺害を進言した。最初は首を縦に振らなかった世民も、彼らの必死の説得に折れ、建成と元吉を殺害した（「玄武門の変」）。太子となった世民はついで父から帝位を譲られて、ついに即位した。これが太宗である。

その治世は、年号が貞観のところから、「貞観の治」と称されている。

「王佐の才」と称された杜如晦だけでなく、房玄齢、魏徴、虞世南など有能な臣下を手元に置き、その才能を充分に働かせた李世民だからこそ、理想的と思える政治が行われたのであろう。

なお、「王佐の才」の出典は、『漢書』董仲舒伝にあるが、『三国志』で、曹操に仕えた謀略の臣である荀彧も「王佐の才」と称されている。

▲李世民（陝西省咸陽市・昭陵博物館内）

泰然自若としてトラブルに対処する

唾は拭わざるも、自ずから乾かん。当に笑って之を受くべきのみ。

周武則天

漢文 唾不拭自乾。当笑而受之耳。

妻師徳

弟よ

はい 兄上

兄弟揃って出世して羽振りが良いと他人からは憎まれる

どうしたものだろうか

他人が私の顔に唾を吐いても

拭い去れば良いではないですか

…

唾を拭い去ったら怒りを倍増させてしまうだけだ

唾は拭わなくとも自然に乾く

兄上…

だから笑って受け流すのみ

私は兄上について参ります…

うう…

他人から何を言われても気にしない度量を持つことが重要なのだ

唾は拭わなくとも自然に乾く。だから笑って受け流すのみ。

英訳 There is no need to wipe salvia off the face, since it dries naturally, so accept the matter with a laugh.

リーダーがするべき大人の対応、即ち忍耐

太宗李世民の側室であった武照は、太宗が崩御するとその息子の高宗李治の皇后に収まります。生まれつき明敏で、政務の処理を良く行い、高宗も政務を全て任すようになります。

唐の高宗が崩御すると皇后武照（則天武后）は、高宗との間の二人の息子の中宗と睿宗を次々に皇帝に立て、自らが政治の実権を握り続けます。690年、唐の皇族をほぼ皆殺しにしてから、自ら「聖神皇帝」を称して即位し、唐を廃して周を建国します。67歳の時でした。

15年程の治世における則天武后の功績は、皇族や貴族でなく、身分が低くとも優秀な人財であれば思い切って登用したことです。既得権を持つ唐の功臣である門閥貴族に頼ることができなかったことから、優秀で新しい人財を引き上げるというのは当然の選択でした。

密告も奨励して**「信賞必罰」**で臨んだ則天武后は、巧みに人を操り、賢者や人財が良く集まりました。誰もが喜んで則天武后のために働き、魏元忠、婁師徳、狄仁傑、姚元崇、宋璟といった名臣が活躍しました。中でも婁師徳は、寛大で清廉な人物として知られています。

足の引っ張り合いや妬み嫉みの多い組織において、婁師徳の処世は見事でした。如何なる無理難題を押し付けられても、全く相手にせず従容と受け流したそうです。

キーワード **婁師徳**

唐王朝初期に活躍した名宰相。文武両道に長けたことでも知られる。史書によれば落ち着いた性格で度量が大きく、立腹した表情を見せなかったとされる。

婁師徳の弟が代州の長官に任ぜられた時、弟に次のように問い掛けました。

「兄弟揃って出世して羽振りが良いと、他人からは憎まれる。どうしたものだろうか」

「他人が私の顔に唾を吐いても、拭い去れば良いではないですか」

「そこが心配しているところだ。他人がお前に唾を吐き掛けるのは、お前に対して怒っているからだろう。それにもかかわらず唾を拭い去ったら、怒りを倍増させてしまうだけだ」

と婁師徳は落ち着いて弟を諭しながら、本項フレーズを述べました。

他人を侮辱する人間は器量が狭い証拠ですが、その他人から何を言われても気にしない度量を持つことが、本当の意味でのリーダーたる者です。なかなか真似することが出来ないことですが、組織において大きな仕事をするためには、この心掛けを見習わなくてはなりません。

何よりも他人を侮辱する人間になっては、本当の大人の仕事はできないものですが、組織における上下関係や企業同士の取引関係において、心得違いしている者があまりにも多いのが現実です。唾を拭わずに我慢しなくてはならないことは、幾度となくあるものです。

狄仁傑はライバル関係にあった婁師徳にいつも批判的でしたが、狄仁傑を優秀な人財であると則天武后に推挙していたのは婁師徳でした。

則天武后はある時、その重用している理由を狄仁傑に伝えたところ、狄仁傑は婁師徳の組織全体のことを思う大きな度量に感服します。

ライバルを心服させる器量ある人間こそ、リーダーたる者の大切な要件の一つです。

まとめ

❶唐の高宗亡き後、則天武后が周を建国し、自ら実権を握った。

❷婁師徳は清廉な人物として知られ、則天武后の下で活躍した。

❸大きな仕事をするためには大きな度量が不可欠である。

コラム　故事成語17

伴食宰相（ばんしょくさいしょう）

唐の玄宗皇帝の開元３（715）年、黄門監（黄門省長官で宰相クラス）となったのが、盧懐慎（ろかいしん）だった。彼は清廉な人柄で、質素を旨とした生活を送った。私腹を肥やさず、俸禄さえ親族にあげてしまい、彼の妻子は常に餓えと寒さにさらされ、住まいは吹きさらしで、雨漏りがするというあばら屋だった。

ところで、同僚の姚崇（ようすう）が、あるとき、10日の休暇をとって帰省した。その間、政務がとどこおったが、盧懐慎はただ手をこまねいているだけで決裁できなかった。

やがて休暇を終えた姚崇は、戻ってくるとまたたく間にすべてを処理した。

姚崇は傍らに控えていた部下に訊ねた。

「宰相としてわしの能力はどうかね」

「あなたは時弊を矯正できる宰相と言えましょう」

盧懐慎は、自分の才能が姚崇にまったく及ばないことを知った。以来、何ごとにつけても姚崇を先にたて、自分はそれに従った。

当時、宰相たちは、朝廷に出ると、会食をした。盧懐慎は、結局、宰相としての職務をせず、その会食にお相伴するだけだったので、人々は「伴食宰相」と揶揄した。

▼姚崇

のち、大官になっても、その職や地位にふさわしい才能がない者を指すようになった。

最近の日本では、宰相という言葉を使う機会がなくなり、「伴食大臣」と使う機会が増えた。

笑っている人間の凄み

怒る者は常の情なり。笑う者は測る可からざるなり。

唐代宗

漢文 怒者常情、笑者不可測也。

怒る者の腹中は簡単に分かるが、笑う者の胸中は推し量ることができない。

英訳 Understanding the feelings of an angry man is easy, but do not guess the feelings the mind of a smiling man is a challenge.

笑顔はリーダーたる者の心掛け

中国歴代王朝の中で、日本にとって最も深い関係にあったとされている王朝は、言うまでもなく唐でしょう。日本人にとって「唐」は、長らく異国全体を指す言葉でもありました。

唐は300年近くも続き、その間に社会構造も大きく変わりましたので、1年を春夏秋冬に分けるように、唐の時代も初唐、盛唐、中唐、晩唐と四つの時期に区分されます。

「安史の乱」を境に唐の国力も傾き始めます。755年、反乱によって都の長安を脱出した玄宗は蜀の成都に落ち、一方、霊武（寧夏回族自治区霊武市）に逃れた皇太子は、李輔国らの宦官の勧めで粛宗として即位します。

粛宗は長男の広平王李俶を大元帥に任じ、将軍の郭子儀と共に反乱を討伐させ、2年後に都への帰還を果たします。李輔国は、まず上皇となった玄宗を幽閉します。玄宗は失意のうちに崩御します。更に李輔国は、玄宗の側近で絶大な権力を振るっていた宦官の高力士を配流とします。高力士は元々は李輔国の上役でした。

広平王李俶は、李輔国の推挙で皇太子となりました。758年、その皇太子の暗殺を目論んだ弟の越王李係を返り討ちにした李輔国は、762年に皇太子を代宗として即位させます。李輔国の権力は更に絶大

キーワード　元載

唐代の政治家。代宗朝において宰相として権威を振るった。自らを批判する人物を左遷した他、収賄によって贅沢な生活を送ったとされるが、今日では政策が再評価されている。

なものとなりました。

代宗李俶も当初は、李輔国に擁立された恩から敬っていましたが、李輔国の目に余る増長ぶりに、李輔国に次いでNo.2の宦官の程元振を抜擢して、李輔国を謀反の罪で誅殺させます。すると李輔国に代わって程元振が、今度は権力を握ります。やがてその専横を代宗に憎まれて流されます。続いて同じく宦官で、宮殿の護衛兵士を統べる魚朝恩が力を得ます。

魚朝恩が高官たちを前にして『周易』の講義を行った際、大臣たちが無能であることを暗示するような内容で嫌味を言ったことから、宰相王縉（詩人の王維の弟）は宦官のくせに無礼だと大激怒します。同じく重臣の元載は泰然としてニコニコしてやり過ごしました。すると魚朝恩は、本項フレーズを側近に伝えて警戒させます。魚朝恩は日々の政治において、

——**天下事有不由我者邪。（天下の事、我に由らざる者有りや）。**

と自分が少しでもあずかり知らないことがあると非常に怒りました。

「オレは聞いていない」「必ずオレを通せ」と力を誇示して威張る魚朝恩のような上席の役員や年長者は、現代でもどこの組織にもよくいるものです。その横柄な言動に堪忍袋の緒が切れた代宗は、隙を見て元載に命じて、魚朝恩を誅殺して排除しました。

現代でも激怒する者の心は読むことができますが、笑みを絶やさない者の本心はなかなか読むことができないものです。常に笑顔は、リーダーたる者の大切な心掛けの一つです。

まとめ

❶唐が傾き出すと権力が激しく入れ代わり、魚朝恩が力を得た。

❷心の中が読めない元載を、魚朝恩は警戒していた。

❸リーダーは感情的になり過ぎず、笑顔を保つべきである。

コラム　人物15

安禄山（703～757）

もとの姓は康、名は軋犖山。営州の人。ソグド人と突厥系の両親から生まれた、唐代の軍人で、「安史の乱」の首謀者。

開元年間初頭（713年～）、彼の住む部落が襲われ、一族とともに営州に逃れ、そこで6カ国語を駆使し、貿易の仲買人を務めた。やがて節度使の張守珪から気に入られて部下となり、東北諸民族の鎮撫に功績をあげた。その一方で、中央から派遣された役人に賄賂を贈り、玄宗の覚えめでたき人物となった。

742年、平盧節度使に抜擢された。そして744年、平盧節度使を留任したまま范陽節度使になる。玄宗は安禄山を寵愛し、また楊貴妃の養子になることを許した。

751年、河東節度使を兼任するに至り、唐の辺防軍全体の3分の1近い大兵力を握った。

安禄山は巨体の持ち主で、大きな太鼓腹をしていた。玄宗が指さして、その腹に何が入っているか訊ねた。すると、安禄山は答えた。

「この腹には、陛下に対する赤誠だけがつまっています」

752年、5、6万の兵を率いて契丹を攻めるが、長雨で、兵は疲弊し、数千人の将兵を失い、安禄山自身も矢傷を受けるほどの大敗をくらった。

この頃から、安禄山の運命は暗転する。

この年、宰相の李林甫が亡くなった。跡を襲ったのが、楊国忠である。彼は玄宗に進言した。

「安禄山はかならず謀反を起こします」

次第に追いつめられていった安禄山は、755年冬、「君側の奸」である楊国忠を誅伐するためと称して、挙兵した。

756年、自ら大燕皇帝と名乗った。長安を陥落させ、一時は華北の主要部を制圧した。

しかし安禄山は、挙兵した頃から視力が衰え、苛立ちから周りの者に乱暴をはたらき、ついに息子の安慶緒に殺害されてしまった。

何が正しいかを適切に見極める

正人は邪人を指して邪と為し、邪人も亦正人を指して邪と為す。

唐武宗

漢文 正人指邪人為邪、邪人亦指正人為邪。

善人は悪人のことを悪とし、悪人もまた善人のことを悪とします。

英訳 A good person assumes that a bad person is evil, whereas a bad person assumes that a good person is evil.

いかにして人の善悪を見極めるか

唐の代宗の玄孫である穆宗（ぼくそう）は30歳で崩御しましたが、三人の息子の敬宗、文宗、武宗がそれぞれ皇帝となりました。中唐から晩唐にかけての皇帝たちは、宦官と官僚の派閥抗争に悩まされ、神仙の世界へ逃避しようとして、酒色や女色に溺れたので誰もが短命です。19歳で崩じた敬宗の後を継いだ文宗は、重臣たちの争いを見て、

——**去河北賊易、去朝廷朋党難。（河北（かほく）の賊（ぞく）を去（さ）るは易（やす）く、朝廷（ちょうてい）の朋党（ほうとう）を去（さ）るは難（かた）し）。**

と異民族や反乱者を征伐するより、中央政界の派閥争いを収める方が難しいと嘆いています。

840年、文宗が32歳で崩じると、末弟の武宗が即位し、直ちに李徳裕（りとくゆう）を同平章事（どうへいしょうじ）（宰相）に任じます。李徳裕の父である李吉甫（りきつほ）は、43歳で宦官に暗殺されてしまった憲宗（けんそう）（穆宗の父）の宰相を務めたことから、李徳裕は若い頃から地方官を歴任し、各地で行政手腕を発揮して評判を得ます。しかしながら、派閥争いが苛烈を極め、中央に呼び戻されては失脚して、また地方へ飛ばされるの繰り返しで、李徳裕もなかなか宰相になることができませんでした。

李徳裕がある時、武宗に向かって本項フレーズを述べます。続けて、

——**在人主弁之。（人主（じんしゅ）の之（これ）を弁（べん）ずるに在（あ）り）。**

キーワード　李徳裕

中唐の宰相。文才を評価され34歳の時、翰林学士となる。54歳で宰相に任じられ、中央の権力強化、ウイグルの帰順などを図った。最後は嶺南で病死した。

「人の善悪をしっかりと見分けることこそが、リーダーたる者にとって最も重要な心得」

武宗はこの言葉を大変に気に入り、李徳裕を大いに褒めました。武宗は名君の素養があったそうですが、惜しいことに6年後に33歳で崩御してしまいます。宣宗が即位すると、李徳裕はまたも地方に左遷されてそのまま没してしまいます。李徳裕には宰相に就任する1年前の839年に、日本の留学僧である円仁（えんにん）から陳情を受けたという記録が残されています。

成長した組織は、必ず安定という名の停滞期を迎えます。その中で、組織本来の目的や意義を忘れて、利権を奪い合う派閥抗争が激化することは世の古今を問いません。人間は誰しも自分が正しいと思うものです。悪巧みをしている人間ですら、悪事に手を染めているという自覚はあっても、自分自身が邪（よこしま）で極悪人であるとまで自認している人は少ないものです。

自分と意見や価値観を異にする人間に対して、とりわけ共に同じ組織に属している時、自分が正しいのか相手が正しいのかを判断する材料は、組織全体のためか、自分自身の私利私欲のために働いているのか否かの一点にあります。

世の中の動きは昔も今も激しく、目まぐるしく環境や条件が変化していきます。その中で自分の立ち位置が「正」であるのか「邪」であるのか、常に細心の注意を払って見極め、時々刻々と修正していかなくてはなりません。組織において高い地位に就けば、誰しもこの修正力が鈍り始めます。若かりし頃の高い理想は、欲と老化によって消滅してしまうものです。

まとめ

❶敬宗、文宗の後を継いだ武宗は李徳裕を宰相に任じた。

❷李徳裕は武宗に人の善悪を見極める心得を説いた。

❸リーダーは世の中の変化に伴う正邪を見極めるべきである。

コラム　人物16

李克用（856〜908）

字は翼聖、突厥沙陀部の出身。父の朱邪赤心が軍功をあげ、869年、唐王朝から李国昌という姓名を下賜された。子の克用は唐末の軍閥で、のちに後唐の事実上の始祖となる。片目を失明していたため、「独眼竜」の異名を持つ。

881年、李克用は沙陀軍を率いて唐王朝に反乱を起こした黄巣の軍を大いに破る。これ以降、彼は黄巣、その配下の朱全忠との戦いで一生を過ごしたと言っていいだろう。

克用は黒装束に身をかため沙陀族の部隊を率いたため、賊軍は克用の部隊が来ると、「鴉軍が来た」と言って恐れた。

883年、長安を占領していた黄巣を破り、これを追撃。李克用はこの功績により、河東節度使に任命された。黄巣の部下は、黄巣を斬って降伏した。

汴州に入城した李克用は、汴州を本拠地とする宣武節度使の朱全忠のもてなしを受けたが、酒に酔った克用は全忠を腰抜け呼ばわりした。腹にすえかねた全忠は、その夜、克用を襲撃した。克用は酔いつぶれていた。側近から顔に水をぶっかけられてたたき起こされ、命からがら逃げ出して、晋陽に帰り着くという醜態だった。

895年、三節度使が都の長安で反乱をおこして新帝を擁立したが、李克用は反乱を鎮定し、その功により晋王に封じられた。

903年、朱全忠が都に上り、宦官を皆殺しにし、翌々年、哀帝を廃して自ら帝を称し（後梁の太祖）、ここに唐王朝は亡びた。李克用は唐王朝復興のため、朱全忠と争うが、翌年、病死した。子の李存勗が継いで、後唐王朝を建国し、克用に武皇帝の諡を贈り、太祖と号した。

組織崩壊の必定パターン

天下は須く長槍大剣を用うべし。安んぞ毛錐子を用いん。

五代 後漢

漢文 天下須用長槍大剣。安用毛錐子。

天下を治めるには、長い槍や大きな剣を用いるべきだ。毛筆などに用はない。

英訳 Use a long spear and a large sword to rule the world. A writing brush will have no effect.

マネジメントに不可欠な要素

河東節度使に左遷されていた劉知遠は後晋の滅亡を受けて、腹心の郭威らの勧めで開封において即位し、後漢の高祖となります。しかしながら僅か1年足らずで崩じ、18歳の息子の劉承祐が即位します。叔父の劉崇を太原節度使に任じて地方へ飛ばし、劉崇のライバルである将軍の郭威を都で枢密使として軍権を握らせます。郭威は一兵士から出世して、劉知遠にその才能を認められて片腕となり、後漢の建国の功臣となりました。

中央の軍がしっかりと統括されると、自然に政治も安定を取り戻します。やがて優れた人財も登用されるようになり、世の中が落ち着き始めます。

同平章事（宰相）に任じられた楊邠は、公平無私の優れた政治家でした。国家の財政をあずかる王章は能吏で、税の取り立てを公平に且つ強化したことから、後漢の財政も安定します。

都の治安をあずかる将軍の史弘肇は、取り締まりを厳しくしたことから、人々は道に落ちている物さえ拾わなくなりました。武力を背景にした史弘肇は、自らの功績を誇ります。

ある時、史弘肇が本項フレーズで文官たちを罵ると、王章が、

――**若無毛錐、財賦何由取弁。**（**若し毛錐無くんば、財賦何に由つて**

キーワード　郭威

後周の初代皇帝。後漢の劉承祐を扶け権力を握った。クーデターで劉承祐が殺害され、後漢が滅んだのを受け、開封に入り、自ら皇帝となり後周を建国した。

か取弁せん）。

毛筆で帳簿に出納を記載する者がいなければ、どうやって租税を取り立てて出納管理をするのかと反論します。ただ、この王章は武官だけでなく、同輩の文官も小馬鹿にする人物で、

——**此輩握算不知縦横。何益於用。（此の輩、算を握って縦横を知らず。何ぞ用に益あらん）。**

と数字だけしか分からない者では、国家の役に立つはずはないと同僚を罵倒しています。

後漢には実際のところ碌でもない人物が皇帝の左右に侍るようになりますが、宰相の楊邠が政治を一貫して総覧し、トップに代わるNo.2としてしっかりとマネジメントを行います。

ある時、楊邠が大臣たちと揃って皇帝に拝謁して述べます。

「陛下は何事にも口出しなさらないで下さい。私共重臣たちがおりますからご安心願います」

これを聞いた時から皇帝劉承祐は、バカにされたと楊邠に対して恨みを抱きます。950年、遂に皇帝劉承祐は楊邠、王章、史弘肇を誅殺します。遠征中の郭威は変事を知るや大軍を率いて都へ戻り、その途中に皇帝劉承祐が護衛の兵士に殺されてしまいます。

後漢の高祖劉知遠を腹心の郭威たちが皇帝に担いだように、今度は郭威が自分の将兵たちに担がれて皇帝に即位し、後周の太祖となります。後漢は僅か４年で滅亡してしまいました。

後漢の皇帝劉承祐に家族を皆殺しにされた後周の太祖が即位した時、養子にしていた義理の甥である親衛隊長の柴栄しか、親族は残されていませんでした。

まとめ

❶郭威、楊邠は後漢において政治の安定に貢献した。

❷王章は税の取り立てを公平に行い財政を健全化させた。

❸皇帝が楊邠らを殺害したことで後漢は滅亡に至った。

コラム　故事成語18

射人先射馬（人を射るに先ず馬を射よ）

この言葉は、杜甫の「前出塞九首」の中の第六首目にある句だ。

挽弓当挽強（弓を挽かんとせば当に強きを挽くべし）
用箭当用長（箭を用いんとせば当に長きを使うべし）
射人先射馬（人を射んとせば先ず馬を射よ）
擒賊先擒王（賊を擒にせんとせば先ず王を擒にせよ）
……

この「人を射んとせば先ず馬を射よ」は、「将を射んとせば、まずその馬を射よ」と、人を将に換えて、よく用いられている。馬から連想すれば、将の方が的確と言える。
「敵将を討つにはその乗っている馬を射る」とは、戦略的にすぐれた言葉だと思う。これに近い英語の諺では、彼女をお嫁さんにしたいときは、彼女の母親の心をつかめ、という、いずれにせよ応用の利く諺だ。

杜甫は、唐代の詩人で、唐詩といえば、李白と杜甫と言われるくらい、素晴らしい詩を数多く作っている。李白の詩が豪快な感じをあたえて「詩仙」と呼ばれるのに対して、杜甫の詩は非常に誠実な感じを受け、「詩聖」と言われた。

▼杜甫

杜甫は安禄山の反乱で、逃れようとしたが捕まり、監禁された。やがて、脱出して粛宗に仕えるが、不興を買い、官を辞める。

その後、長安に戻る途中、湘江で客死した。官僚として不遇だったが、その詩は今でも読まれ続けている。

▲杜甫の墓（河南省偃師市）

若し一たび名姓を知らば、則ち身を終わるまで忘れず。知る無きに如かざるなり。 北宋太宗

漢文 一如名姓、則終身不忘。不如無知也。

一度その名前を聞けば、生涯忘れることはないでしょう。知らないに越したことはない。

（英訳） Once I hear the name of a person, I will never forget it. So, it is better not knowing it.

一流のリーダーの問題回避術

宋の太祖趙匡胤は、天下統一の一歩手前の976年に50歳で急死します。後を継いだ弟の太宗趙匡義によって絞殺されたという疑惑があります。太祖の長子は自殺し、次子も23歳の若さで病死したことから、**「千載不決の議」**として、1000年を経ても結論が出ない議論なので詮索しないとされました。

太宗は後周時代から兄の太祖趙匡胤を支え、自らが即位してからは、978年に呉越、979年に北漢を滅ぼして中国を再統一してから、文治主義を進めます。

太宗によって同中書門下平章事（略して同平章事、宰相のこと）に任じられたのが、呂蒙正です。北宋が初めて実施した科挙で、31歳にして状元（首席）で及第します。

その呂蒙生が参知政事（副宰相）に任じられて初めて参内しようとした時、帳の向こうで、

「あんな奴でも副宰相になれるのか」

小役人の誰かが、呂蒙正に聞こえよがしに囁きました。呂蒙生は聞こえないふりをして通り過ぎましたが、同僚が激怒して、どこの誰が暴言を吐いたのかと問い質そうと帳に詰め寄ろうとすると、呂蒙正は慌てて同僚を押し留め、本項フレーズを述べました。

キーワード　呂蒙正

977の科挙で及第。順調に出世し、宰相となるも、病気で辞職し、故郷に帰った。真宗は呂蒙正の息子を登用しようとしたが、甥の呂夷簡を推薦した。

人間ならば悪口を言われたりすれば、誰しも心に深く傷が付き、いつか恨みを晴らそうとはしないまでも、嫌味の一つも言い返したくなるものです。しかしながら、組織において大きな仕事を成そうと志した時、後々に足手まといになるような問題の芽を自ら摘んでおこうという強い意志は、まさに大きな器量を備えたリーダーたる者として不可欠な条件です。

いつの時代にも、自分より若い者や地位の低い者の出世を妬む人は大勢います。そういった人間に関わる時間を無駄だと思って、やり過ごすことも、器量あるリーダーたる者の対応です。決断力に乏しく論争を起こし易いという批判があった時、呂蒙正は答えました。

「実は私は無能なのだが、一つだけ優れた点があると思う。それは人を使うことに長けていることだ。これが本当の宰相の仕事なのだよ」

普段から評判となる人物の名を聞けばメモをとっておいて整理し、いつでも優れた人物を推挙できるように心掛けていたそうです。病に倒れて見舞いに来た真宗が尋ねます。

「卿に万一があった時、卿の子供の中で誰を宰相に登用したら良いだろうか」

「私の子供は豚か犬のようなものです。敢えて申し上げれば甥の呂夷簡がその器でしょうか」

と答えます。呂夷簡は叔父の呂蒙生と同じく、三度に及んで宰相となりました。

『**韓非子**』にある**「内挙するに親を避けず」**とはまさにこのことで、最も難しい判断です。

まとめ

❶宋太祖が 50 歳で急死した後、弟の太宗が即位した。

❷太宗が登用した呂蒙正は、嫉妬を上手くやり過ごした。

❸呂蒙正は人を使うことに長けたリーダーだった。

コラム　人物17

馮道（882~954）

字は可道、号は長楽。瀛州景城の生まれ。「五代十国時代」の政治家で、五王朝の十一君主に仕えたことで有名である。

馮道は豊かな農家の家に生まれ、勉学に励んだ。はじめ幽州節度使の劉守光の属僚となったが、劉守光が定州を攻撃したときに、諫言して幽閉される。その後、出獄し、劉守光が敗れると、太原に逃れ、晋王の李存勖に身を投じた。

923年、李存勖が後唐を建国して帝を称した。馮道は後唐で徐々に位をあげていった。

926年、荘宗李存勖と将軍李嗣源（のちの明宗）が対立し、李存勖が近衛兵に殺され、李嗣源が帝位に就き、馮道は李嗣源に仕えることになった。しかし李嗣源が病死すると、閔帝によって左遷された。

閔帝は諸事大まかで決断力を欠いていた。潞王李従珂が反旗を翻し、閔帝を追放した。

帝位に就いた李従珂はかねてから河東節度使の石敬瑭（後晋の高祖）と仲が悪かった。石敬瑭は反旗を翻し、契丹に援軍を要請した。契丹は後唐の軍を蹴散らして、李従珂は自殺する。936年ここに後唐は滅亡し、後晋が建国された。

馮道は左遷されていたことが幸いして後晋の宰相となった。馮道は契丹の耶律堯骨（遼の太宗）のところの使者となり、耶律堯骨からすっかり気に入られた。

942年、石敬瑭が病死し、馮道は左遷された。

946年、契丹が後晋を滅ぼし、馮道は耶律堯骨と再会し、ふたたび宰相となった。しかし、耶律堯骨が契丹へ戻る途中、病死し、馮道は開封に戻った。

951年、郭威は後周を建国し、947年に開封で建国された後漢を滅ぼし、馮道はふたたび宰相となったが、954年、波乱に満ちた生涯を終えた。

目まぐるしく王朝が交代し、その中で宰相を歴任するという離れ業を行ったが、馮道が農民出身ということから、農民の命を少しでも守ることに徹した。

のち、朱子学の影響もあって、「二君に仕えず」という思想からほど遠い馮道の生き方に厳しい批判が出た。しかし、現代の視点からもう一度見直すべきであろう。

無欲という最強の武器

47 恩を己に帰せんと欲せば、怨は誰をして当たらしめん。

北宋仁宗

漢文 恩欲帰己、怨使誰当。

私利私欲とは無縁の生き方を貫く

997年に太宗趙匡義が崩御すると息子の真宗が即位し、太宗の文治主義を更に進めます。宋は南唐を併合して以来、豊かな江南の地から得られる莫大な租税によって経済発展し、金で平和を解決する道を選びます。1004年に契丹（後に国号を遼と改める）と宋は、国境維持と不戦を決めた「澶淵の盟」を結びます。これにより契丹を兄とし宋を弟として、年間20万匹の絹、10万両の銀が宋から契丹に贈られました。

平和を金で買った宋は、ますます国内経済が繁栄し、文化も栄えます。真宗は26年間在位して崩御しました。1022年に13歳の息子である仁宗が即位します。仁宗が即位すると王曾が宰相に任じられ、7年に亘って国政を委ねられます。青州（山東省）生まれの王曾は、8歳の時に孤児となって叔父に引き取られ、勉学に励みました。

高級公務員選抜試験である「科挙」には、郷試、会試、殿試と三段階の試験がありますが、その全てにおいて首席を占

施した恩に報いてもらおうと思えば、恨まれた時は誰に責任を取らせれば良いのか。

英訳 Whom should take responsibility for having a grudge, even though a favour is repaid?

める「三元及第(さんげんきゅうだい)」、即ち「大三元」の快挙を成し遂げた者は、隋から清末までの1300年間で14人しか存在しません。王曾はその一人です。

王曾が進士に挙げられ官職に就いた時、ある人が羨んで言いました。

「貴公は『三元及第』ですから、高い地位に就かれて一生食べるに困ることがないでしょうね」

——**平生之志、不在温飽。(平生(へいぜい)の志(こころざし)、温飽(おんぽう)に在(あ)らず)。**

平素からの志は、良い着物を着てたらふく美味しいものを食べることではなく、天下国家のために力を尽くすことですと王曾は毅然と述べ、それを見事に最後まで実践しました。

仁宗の治世では優れた人財が多く登用されましたが、それは全て王曾の推薦でした。しかし、誰一人として、王曾からの強い推挙を知りませんでした。見かねた王曾の友人が、どうして本人に言ってやらないのか理由を尋ねます。そこで本項フレーズで王曾が答えました。

出世させたことを恩着せがましく言って何かの恩返しをしてもらおうとするのは簡単なことでも、クビになったり左遷したりした時に、その恨みや怒りをぶつけられたら困るので、余計なことは言わないに越したことはないという訳です。

まさにリーダーたる者は組織の最善のために、自らの私利私欲を徹底的に排除する姿勢が第一に必要です。

まとめ

❶経済発展した宋は金で平和を解決し、繁栄を謳歌した。

❷王曾は天下国家のために力を尽くす姿勢を貫いた。

❸リーダーには私利私欲を排除する姿勢が求められる。

時代を超越する人事の要諦

衆賢の進むは茆の斯に抜くるが如く、大姦の去るは距の斯に脱するが如し。 北宋仁宗

漢文 衆賢之進如茆斯抜、大姦之去如距斯脱。

リーダーが力を合わせることの大切さ

仁宗は41年間在位しました。その間、西夏や契丹などの異民族の侵攻が止まず、対外的には緊張状態が続きます。内政においても新旧の官僚たちが政争を繰り広げましたが、多くの逸材が現れて活躍した時代でもありました。

前項の王曾をはじめ、丁謂、王欽若、呂夷簡、范仲淹、文彦博、富弼、杜衍、韓琦、欧陽脩、司馬光、王安石といった名臣が今日まで知られています。范仲淹は江南の三大名楼の一つである岳陽楼の情景を記した『**岳陽楼記**』の中で、

――**天下の憂いに先んじて憂い、天下の楽しみに後れて楽しむ。**

という「**先憂後楽**」の言葉を残しました。

宋は北方に契丹、西北に西夏という強力な異民族国家に悩まされました。現在の甘粛省や寧夏回族自治区あたりを基盤とした西夏は、タングート族というチベット系の騎馬民族が作った非常に戦争の強い国でした。その国境の州の長官や将軍に范仲淹や韓琦が選ばれると、

――**軍中有一韓、西賊聞之心胆寒。軍中**

芽の根を一本抜くと何本も一緒に抜けるように、一人の人財を引き立てれば大勢の人財が任用され、悪辣な側近は爪を無くした闘鶏と同じように朝廷から去る。

英訳 A great number of wise men is the same as stings beans. If one excellent person is chosen, then many excellent people will come with him. Once an evil person loses his position, he will be the same as a fighting cock without nails.

有一范、西賊聞之驚破胆。(軍中に一韓有り、西賊之を聞いて心胆寒し。軍中一范有り、西賊之を聞いて胆を驚破す)。

という歌が流行る程、さすがの西夏や契丹もビビってこの二人が国境近くにいる時は宋に攻めて来ませんでした。

1043年、仁宗は范仲淹と韓琦を中央で軍務を統轄する枢密副使として召還し、その上役の枢密使に宮廷を牛耳る夏竦を任じます。夏竦は狭量で、組織内では威張り散らす割には、組織外の敵である西夏に対しては腰が引ける評判の悪い人物でした。諫官の欧陽脩が、

「夏竦は、安撫使として怯懦、性は姦邪である」

と容赦なく糾弾します。科挙の及第序列だけで決まる人事に対して、欧陽脩などの若手官僚からの度重なる諫言によって、さすがに仁宗も遂に夏竦を罷免します。その知らせを聞いた国子監(官僚の養成機関)の教授である石介は、仁宗の聖断に喜んで詩を作ります。その中に本項フレーズがあります。衆賢とは范仲淹と韓琦のことで、大姦は夏竦のことです。これは**「衆賢芽茹」**という故事成語の出典の一つとなりました。

リーダーたる者が互いに力を合わせることが組織にとって大切で、優れた人財が一人登用されればその優れた仲間達も集まり、共に良い仕事をして良い結果を生み出すという意味です。

まとめ

❶仁宗の治世には多くの逸材が活躍した。

❷欧陽脩らの諫言によって夏竦は罷免された。

❸トップは優れた人財が集まるような登用をすべき。

理想的な合意形成を目指せ

偏重ならば其れ行る可けんや。或いは左し或いは右するも其の偏は一なり。

北宋哲宗

漢文 偏重其可行乎。或左或右、其偏一也。

章惇
あれは通判の陳瓘
そなたは陳瓘であろう
かねがね噂は聞いておる
これは章惇様これから都へ行かれるのですね
陳瓘
そなたは昨今の政治をどう思う
政治というのは船のようなもの
一方だけに偏ったら前に進めません
左に偏っても右に偏ってもダメでしょう
俺が生粋の新法派であると知ってこう答えるか!
そなた気に入ったぞ!
俺の陣営に来ないか!
ありがとうございます

一方だけに偏ったら前に進めません。左に偏っても右に偏っても偏ったらダメです。

英訳 Not being able to move forward or advance is like a boat that only deviates to the left or the right.

異なる意見が持つ大きな価値

1093年に親政を始めた哲宗は、父である神宗が推し進めた「新法」を復活させるために、宣仁（せんじん）太后の任命した旧法派の宰相である呂大防（りょだいぼう）を罷免します。そして、宣仁太后に左遷された章惇（しょうとん）を地方から召還して、尚書左僕射（しょうしょさぼくや）（宰相）に任じます。

王安石に引き立てられて参知政事（副宰相格）になった章惇は、王安石のかつてライバルであった司馬光を論破する程の勢いがありましたが、その攻撃的な性格を宣仁太后に嫌われて、地方の閑職に左遷されていました。

その章惇が哲宗によって召還されて都へ向かう途中、通判の陳瓘（ちんかん）と遭遇しました。章惇は以前から気骨ある官僚としての陳瓘の名前を聞き知っていたので、自分のスタッフとして役立つかどうか、人物定めを兼ねて自分の船に同乗しないかと誘います。

章惇は昨今の政治について、早速に陳瓘に意見を求めます。すると同乗している船にたとえて陳瓘は、本項フレーズで忌憚なく答えます。つまり、

──「新法」でも「旧法」でもいずれに偏ってもうまくいきません。
その間を取った政治を行う必要が急務ではないでしょうか。

という現実的な妥協策の採用を勧めました。生粋の新法派である章惇

キーワード　陳瓘

北宋後期の政治家。章惇によって登用されたが、章惇を弾劾したことなどから結局は左遷された。宰相である蔡京の悪事をたびたび追及したことで、各地を配流された。

の耳に痛い言葉に、章惇は思わず黙り込みましたが、陳瓘を自らの陣営にしきりに誘おうとします。

新法派のリーダーとして宰相に任じられるために、章惇が都へ上るのを陳瓘は承知の上で、物おじせずに重ねて反論します。

——**船の傾きを直して平にしようとするのに、左にある石を右に移せば、もっとバランスを崩してしまいます。貴公も天下の支持を失ってしまうでしょう。**

この諫言を聞き入れなかった章惇は宰相に任じられると、直ちに司馬光らの既に亡くなった旧法派の官位を下げて諡をも取り上げ、呂大防らの現職の旧法派を例外なく地方へ飛ばします。陳瓘も章惇に召し出されましたが、章惇の方針に従わないために左遷されました。

自分の異なる意見を退けることは、組織のリーダーや幹部には容易なことです。また方針の異なるグループを排除することも簡単なことです。意見の相違や恩讐を超えて組織のためにマネジメントすることが最も重要なことは自明ですが、章惇にはできませんでした。正確には章惇を支える新法派が、それを許さなかったのでしょう。

こうして宋は国力を加速度的に衰えさせます。哲宗が崩じて弟の徽宗が立ち、その息子の欽宗の代になって宋は一旦滅亡してしまいます。章惇は『宋史』の奸臣(かんしん)（悪だくみをする重臣）伝(でん)の中にその名が記されています。

まとめ

❶章惇が目をかけた陳瓘は忌憚なく自説を主張した。

❷陳瓘は章惇によって左遷されることとなった。

❸リーダーは異なる意見の排除に慎重でなければならない。

コラム　人物18

蘇軾（1037～1101）

字は子瞻、東坡と号した。眉州眉山の出身。北宋の政治家、詩人、書家。父の蘇洵、弟の蘇轍と共に「唐宋八家」の一人であり、また「宋の四大書家」の一人でもある。

1057年、弟と共に進士に合格し、地方官を歴任後、中央に戻る。

神宗の代、財政難に陥った国政の建て直しに、王安石が「新法」と呼ばれる様々な法で改革を断行する。

蘇軾は、守旧派の欧陽脩、司馬光と共に反対の立場に立った。このため、1074年、蘇軾は自ら地方への転出を願い出て許され、その後、地方官を歴任する。

1079年、皇帝に上書した文面が問題になり、国政誹謗の罪で黄州へ流罪となった。ここで5年の歳月を過ごすことになったが、当地の山紫水明にすっかり魅せられた蘇軾は、仕事のかたわら城東の坡（坂）を開墾し、「東坡居士」と号した。

1085年、神宗が亡くなり、哲宗が即位した。旧法党がふたたび権力を握り、蘇軾も名誉が回復され、中央に復帰できた。

しかし、司馬光と対立し、さらに新法派が復権すると、蘇軾はふたたび左遷された。恵陽（現在の恵州）に追放され、さらに海南島の儋州に流された。

4年後、哲宗が亡くなり、徽宗が即位すると、蘇軾は許された。しかし都に戻る途中、病を得て亡くなった。

蘇軾の一生は、旧法党と新法党との争いの中で翻弄されたといっていいだろう。二度も当時辺鄙な場所であるところに左遷されたが、強靭な精神で持ちこたえ、数々の詩と書を残した。

▲蘇軾の墓（河南省平頂山市）

天命に一生を捧げる

人生古より誰れか死なからん。丹心を留取して汗青を照らさん。

南宋帝昺

漢文 人生自古誰無死。留取丹心照汗青。

…
南宋軍・右丞相 兼枢密使 文天祥
ジジジ…
ではこれより和平交渉に入る
元軍・総司令官 伯顔
奇襲作戦で文天祥を捕らえる！
ガラッ
ドタン
伯顔！謀ったな！
元の世祖 フビライ
文天祥よ 卿の名声は聞いている
帰順して朕に仕えよ
他の者たちはとうにもう帰順しておる
…
昔から人と生まれて死なない者は誰もいない
せめて自分の真心を歴史に名を残したい
…そうか
刑に処せ！
文天祥の詩を詠んだフビライは
遂に名誉の死を与えたのだった

昔から人と生まれて死なない者は誰もいない。せめて自分の真心を歴史に名を残したい。

英訳 Humans do not really die as they leave their true heart in history.

リーダーが忘れてはならない志

中国史上における忠臣の鑑と言えば、南宋時代に活躍した岳飛と文天祥の名前がその筆頭を争うでしょう。本項のフレーズは、文天祥の辞世の詩の最後の部分です。

文天祥は20歳で科挙をトップ（状元）で及第した優秀な人物で、清廉潔白で正義感に溢れていました。南宋へ侵攻する元との戦いでも活躍しますが、1276年に右丞相兼枢密使として和睦交渉の際に、元軍の総司令官である伯顔に捕らえられてしまいます。

文天祥の名声を兼ねてから知る元の世祖フビライは、自ら帰順を促して側近にしようと何度も試みます。1279年に帝昺が広州湾で入水して南宋が滅亡すると、南宋の重臣たちも元へ帰順します。しかし、文天祥は独り国に殉じて死を賜うことを願います。

1283年、死を覚悟した文天祥の詩を詠んだフビライは遂に名誉の死を与えます。捕虜生活5年、47歳でした。文天祥は、実は『十八史略』の著者である曾先之の同郷（江西省吉安市）の先輩でもありました。

国家や会社などの組織に対する忠誠心といった言葉を使うと、日本では何か恥ずかしいと感じられるようになって久しくなります。忠誠

キーワード **フビライ**

元朝の初代皇帝。モンゴル帝国五代ハン。1267年大都に遷都し、国号を大元とした後、南宋を滅ぼし天下を統一した。日本に服属を迫り、軍を派遣したことでも知られる。

心溢れる日本武士たちも使った**「丹心」**は、赤心、真心とも呼ばれましたが、これらの単語も最近の日本から消え去りつつあります。

日本で**「丹心」**溢れる人物と言えば、一世代前までは西郷隆盛の名を挙げる人が多くいました。その西郷が学識、胆力、人格において尊敬した人物が、水戸藩士の藤田東湖です。西郷隆盛は水戸まで藤田東湖に会いに出掛け、お互い意気投合したと伝えられています。

藤田東湖は、『正気之歌』という漢詩を作りましたが、元々は文天祥の『正気之歌』にインスパイアされたものです。吉田松陰が藤田東湖を水戸に訪ねた際、謹慎中で面談は叶いませんでしたが、吉田松陰の松下村塾では『正気之歌』などの藤田東湖の詩を教材として積極的に取り上げたことから、明治の志士たちの間で文天祥の名前は広まりました。

明治維新から150年を経た現在、武士道や忠誠心は日本人の心から忘れ去られつつあります。仮に忠誠心という概念が日本人の間から消滅しようとしても、人間である以上、「死」からは逃れることは出来ません。文天祥の**「丹心」**について今一度、虚心になって思いを巡らせてみることは、リーダーたる者にとっては実は必要ではないでしょうか。

国家や為政者などに対して強い忠誠心を持つ時代ではありませんが、自分の職務、ひいては天命に対して**「丹心」**を持てば、やり甲斐や生き甲斐も自ずから生まれるはずです。

使命感に燃えた人生には、後世の人々にまで熱い想いが伝わり、見知らぬ人たちの見本となり、大勢の人々を勇気付けます。

リーダーたる者が忘れてはならないのは、「志」の一言です。

まとめ

❶文天祥は元との戦いに活躍するも、元軍に拘束された。

❷フビライの言に逆らい、文天祥は元への帰順を拒否した。

❸天命に対して丹心を持つ姿勢は、多くの人を今でも勇気づける。

コラム　人物19

岳飛（1103〜1142）

字は鵬挙、相川湯陰の出身。南宋の軍人で、金に抗戦した武将。

貧しい農家に生まれたが、貧しさにめげず学問を身につけ、『春秋左氏伝』や『孫子』『呉子』の兵法書を学んだ。また、力に優れ、弓も百発百中という腕前だった。

1122年、19歳の時、真定の宣撫使が、宋軍が契丹に敗れたため戦士を募ると、これに応じ、軍隊に身を投じた。以後、つぎつぎと戦功をあげ、頭角を現した。

1125年、金が遼を滅ぼし、その勢いを駆って宋に侵攻した。多くの将兵が逃げる中、副元帥の宗沢が都の開封へ救援に赴くが、岳飛はその部将となり、戦功をあげ、修武郎となった。しかし翌年、都の開封が陥落し、徽宗、欽宗はとらわれの身となった（靖康の変）。北宋はここに滅んだ。

1127年、高宗が即位する。これ以降が南宋政権となる。

1129年、一時小康を得ていたが、金軍が南下を開始した。

高宗は、自ら兵を率い、抗戦する。岳飛も金軍を迎撃するが、南宋の兵はことごとく降伏していった。高宗は紹興にとどまって行在所とした。この時、金に拉致されていた秦檜が、許されて行在所に出頭。以後、金との講和に全力を傾け、主戦派の岳飛と対立するようになっていく。秦檜が宰相の職を解かれた時に対応するかのように、岳飛は出世していく。

1131年、神武右軍副統制に任命される。

1134年、清遠軍節度使に任命される。

1135年、崇信軍節度使に任命され、武昌郡開国侯に封ぜられる。

1140年、金の大軍が四方面に別れて南下。岳飛は金軍を破り、追撃に移る。ところが、秦檜が高宗に奏上し、岳飛を後方に召還した。そして翌年、主戦派の重鎮を文官に任命。岳飛も枢密使の副吏に任命され、兵力を取り上げられてしまい、ほどなく罷免されてしまった。やがて岳飛は謀反のかどで、息子と共に誅殺された。

現在でも杭州の西湖のほとりに、「救国の英雄」を祭る岳飛廟があり、その前に、「売国奴」として、ひざまずく秦檜夫婦の像がある。かつてはその像に人々はツバや小便をかけたという。

しかし果たして当時の南宋政権が、金と戦い続けて勝利できたかは疑問である。

おわりに

『十八史略』は日本と中国の人々にとって、歴史観を共有できる最大公約数たる書籍ではないでしょうか。なぜなら、まさにその名の通り太古の時代から南宋末･元初までの正史とされる『史記』『漢書』『三国史』など十八の時代史のエッセンスをコンパクトにまとめた本書は、両国の人々にとって歴史の入門書として読み継がれてきていたからです。

孔孟老荘の教えと共に正史は、中国の知識人にとって思想や行動規範を形成する上での必読のテキストでした。その難解で膨大な正史から様々なエピソードが抜粋された『十八史略』は、漢文と名句が容易に学べることから、日本においては江戸時代から明治時代にかけてのリーダーや庶民の間で大人気となります。

島国の日本人にとって、南宋と元が併存した12世紀末、つまり『十八史略』に記されている時代までの大陸の隣人たちの言動は親しみやすく、また素直に尊敬に値する人物たちばかりで、全く違和感を覚えることがありませんでした。

現代における日中関係を考えますと、かつて日本人が憧れて手本とした唐や宋といった大陸世界は、元、明、清の時代において大きく変容して近代中国に至ったことにより、今日の中国人の思考方法や行動原理に対して、日本人が相容れることが難しくなりました。しかしながら、如何に政治形態が変容しようとも、中国人の人間関係における底流にある原理原則は変わらないことを本書から学ぶことができます。

今日においても些かも古びることのない内容が満載されている『十八史略』は、実務に応用できるエピソード、人生を生き抜く為の知恵やヒントがそこには記されています。置かれている立場や状況によって、それぞれ違う解釈や味わいを楽しむことができる素晴らしい自己啓発書として、如何なる形であれ、日本人が読み伝え続けていくべき必読の書籍であると確信しています。

令和3年7月28日　　川﨑　享

参考文献

『十八史略　全５巻』（『中国の思想』刊行委員会　徳間書店　1975年）

『十八史略』（竹内 弘行　講談社　2008年）

『十八史略　上中下』（安岡 正篤　PHP研究所　2005年）

『十八史略　英雄の決断 名将の秘策』（守屋 洋　青春出版社　2002年）

『十八史略の人物学』（伊藤 肇　プレジデント社　1998年）

『十八史略の人間学』（守屋 洋　新人物往来社　1986年）

『十八史略のリーダー学』（風巻 絃一　三笠書房　1987年）

『小説十八史略　全６巻』（陳 舜臣　講談社　1992年）

『新釈漢文大系　十八史略　上下』（林 秀一　明治書院　1967年）

『新十八史略詳解』（辛島 驍／多久 弘一　明治書院　1989年）

『新十八史略　天／地／人の巻』（常石 茂　他　河出書房新社　1978年）

『中国古典名言事典』（諸橋 轍次　講談社　1979年）

『文白対照　十八史略　全５巻』（王明輝、郭鵬注訳　中国画法出版社　2017年）

【著者紹介】
竹内良雄（たけうち　よしお）
1945年８月、東京都生まれ。東京都立大学大学院中国文学科修士課程中退。慶應義塾大学、法政大学、学習院大学、中央大学などでの非常勤講師、慶應義塾大学経済学部教授（中国語）を務め、慶應義塾大学名誉教授。SBI大学院大学非常勤講師。
著書（共・編著を含む）に『ビジネスの武器として使える中国古典の名言至言ベスト100』（集英社、2013年）、『史記小事典』（徳間書店、1988年）、『三国志ハンドブック』（三省堂、1998年）、『「十八史略」に学ぶリーダー哲学』（東洋経済新報社、2019年）、『「三国志」に学ぶリーダー哲学』（東洋経済新報社、2021年）他。
共訳書に『史記』（徳間書店、1972年）、『十八史略Ⅱ』（徳間書店、1975年）、『三国志Ⅳ』（徳間書店、1979年）、『顔氏家訓』（徳間書店、1990年）、『離婚指南』（蘇童著、勉誠出版、2012年）、『アルグン川の右岸』（遅子建著、白水社、2014年）他。

川﨑享（かわさき　あつし）
1965年４月、東京都生まれ。慶應義塾大学経済学部卒業。ミシガン州立大学大学院史学修士課程修了（中国研究・国際政治）。電機メーカー及びコンサルティング会社役員を経て、2013年５月より日本製造業一業種一社による業際集団「NPS研究会」の運営母体・㈱エム・アイ・ピー代表取締役社長。
著書（共・編著を含む）に『英国紳士vs.日本武士』（創英社／三省堂書店、2014年）、『英国の幻影』（創英社／三省堂書店、2015年）、『GENTLEMAN vs. SAMURAI』（第三企画出版、2017年）、『リーダーたる者の極意』（プレジデント社、2015年）、『経営思想としてのNPS』（東洋経済新報社、2016年）、『NPSの神髄』（東洋経済新報社、2017年）、『「貞観政要」に学ぶリーダー哲学』（東洋経済新報社、2018年）、『「三国志」に学ぶリーダー哲学』（東洋経済新報社、2021年）、『「名将言行録」に学ぶリーダー哲学』（東洋経済新報社、2021年）他。

イラストでわかる『十八史略』のリーダー哲学

2021年10月6日発行

著　者――竹内良雄・川﨑　享
発行者――駒橋憲一
発行所――東洋経済新報社
〒103-8345　東京都中央区日本橋本石町1-2-1
電話＝東洋経済コールセンター　03(6386)1040
https://toyokeizai.net/

装丁・ＤＴＰ…アスラン編集スタジオ
編集協力………渡辺稔大
イラスト………吉村堂（アスラン編集スタジオ）
印刷・製本……藤原印刷
編集担当………井坂康志

Printed in Japan　　ISBN 978-4-492-96197-1